Über mich:

Geboren 1961, bin ich seit 1986 in eigener Praxis als Physiotherapeut und seit 1999 als Heilpraktiker tätig. Als direkt betroffener Partner einer nierenkranken Frau war es für meinen Umgang mit der Situation nötig und wichtig, dieses Buch zu schreiben.

Udo Weiskopf

Eine Niere für Zwei

Tagebuch einer Lebendnierenspende

Impressum:
Udo Weiskopf
Eine Niere für zwei

© 2012 Udo Weiskopf
Alle Rechte beim Autor

Lektorat: Bert Marco Schuldes, schuldes.org/textwerkstatt

Satz/Layout: Udo Weiskopf
Herstellung, Umschlaggestaltung und Verlag: BoD – Books on Demand, Norderstedt

ISBN: 978-3-8482-1549-2

Bibliografische Information der Deutschen Nationalbibliothek:
Die Deutsche Nationalbibliothek verzeichnet diese Publikation in der Deutschen Nationalbibliografie; detaillierte bibliografische Daten sind im Internet über http://dnb.dnb.de abrufbar.

„Das Leben ist zu kostbar,
um es dem Schicksal
zu überlassen."

Deus X. Machina

> *Walter Moers*
> *Die 13 ½ Leben des Käpt`n Blaubär*

„Für Menschen, die nie in Narnia waren,
ist es schwer zu verstehen,
das Dinge zur gleichen Zeit richtig
und auch falsch sein können."

> *C. S. Lewis*
> *Die Chroniken von Narnia*

Für Annette

"Das Leben ist sinnvoll, weil wir uns Dinge nehmen. Es wird aber erst dadurch wertvoll, wenn wir bereit sind, auch etwas zu geben."(Autor mir leider unbekannt).

"Wir sind nicht nur für das verantwortlich, was wir tun, sondern auch für das, was wir nicht tun." (Moliere).

Vorwort

Nierenemotionen:

Angst, Stress, Schock - diese Emotionen schaden den Nieren. Alle Organe sind auch an der Produktion unserer Emotionen beteiligt. Die verschiedenen Organe produzieren unterschiedliche Emotionen.

Die Nieren produzieren Angst, Schock und Stress, das ist normal. Aber, wenn die Nieren zu Schwäche neigen, produzieren sie diese Emotionen im Übermaß. Deshalb neigen Leute mit Nierenschwäche ständig zu grundloser Angst. Beispielsweise haben Kinder Angst davor, über die Straße zu gehen oder mit Erwachsenen zu sprechen, Erwachsene haben Angst, vor dem Autofahren, vor Krankheiten, vor Allem, vor dem Sterben. Frauen haben Angst vor Männern, Männer vor Frauen; sehr viele haben Angst vor Arbeitslosigkeit. Diese Menschen haben ständig Angst vor Allem, aber bei näherer Betrachtung eigentlich grundlos. Es gibt Menschen, die so große Angst haben, dass sie sich nicht mehr aus ihrem Haus trauen. Die Schulmedizin ordnet das eher einer kranken Psyche zu!

Nieren produzieren nierentypische Emotionen, das ist normal und auch gesund. Aber wenn die Niere schwächer wird und diese Emotionen im Übermaß produziert werden, bildet sich bei Fortbestehen dieses Zustandes der typische Nierencharakter aus:

- Ängstlicher Typ mit Angstanfällen, Angstschwitzen,
- Kreislaufstörungen, Gänsehaut
- Herz-Tachykardie, plötzliches Zusammenbrechen

Wegen dieser Angst fühlen sich die Leute immer unsicherer. Sie haben Angst vor Allem, aber unsere Welt fordert, dass man keine Angst haben darf. Man muss stark sein, man muss Erfolg haben. Diese Leute versuchen dann, ihre Angst zu verstecken und das stresst sie noch mehr!

Sie haben Angst, nicht gut genug zu sein, nicht genug Erfolg zu haben, den Anforderungen nicht zu genügen, den Chef nicht zufrieden stellen zu können oder den Mann oder die Kinder.

Sie haben immer das Gefühl, noch besser sein zu müssen und so stressen sie sich selbst immer mehr. Sie fordern sich selbst ständig zu viel, bis sie daran zerbrechen. Sie zeigen nicht, dass sie Angst haben. Deshalb ist das Wort STRESS bei uns so populär.

Hierzulande wird die Ursache für ein derartiges Verhalten fast immer im psychischen Bereich gesucht.

Nierenschwache Menschen bilden übermäßige Nierenemotionen. Das ist keine psychische Krankheit, sondern ein Krankheitssymptom. Wenn die Nieren schwächer sind, werden diese Emotionen noch stärker im Übermaß produziert, aber immer weniger vertragen.

Ängste aufgrund äußerer Einwirkungen, die nicht vermieden werden können, wie beispielsweise ein Autounfall, eine schwere Krankheit bei Nahestehenden oder Arbeitslosigkeit schaden den Nieren auch. Deswegen können Menschen mit schwachen Nieren sehr schwer Angst, Stress oder Schock vertragen. Mögliche Reaktionen wie plötzlicher Haarausfall, Einnässen bei kurzem Schock oder Schreck und Bettnässen bei Kindern ist keine Seltenheit.

Quelle:
J. Frankenberger
Qi-Net für medizinisches Qigong, der ganzheitliche Weg zum harmonischen Sein   http://www.qi-net.de/

Epilog

E-Mail:

Hallo Udo,

bist DU der UDO der mit mir die 10. Klasse der Hauptschule in Bernkastel-Kues (Schuljahr 1977/1978) besucht hat

Wenn Ja, dann melde Dich mal bei mir.

Erstaunlich! Da waren sie wieder, die Bilder und Gedanken, die mich in den letzten 30 Jahren in unregelmäßigen Abständen immer wieder besuchten. Nur waren sie jetzt so klar und deutlich, wie schon lange nicht mehr.

Zwei Tage später, sie wusste, dass ich Heilpraktiker bin, die unvermeidliche Frage: „Was weißt du über Zystennieren?"[1]

Natürlich wusste ich nicht so viel darüber, aber man weiß ja, wo man suchen muss (siehe Fußnote). Außerdem hatte ich eine nicht unerhebliche Anzahl medizinischer Fachbücher, die ich befragen konnte.

---

1 **Zystennieren**

Zystennieren, auch als polyzystische Nieren bezeichnet, (engl.: polycystic kidney disease, PKD) sind eine Gruppe ernsthafter, meist erblich bedingter, Erkrankungen der Nieren. Durch die Bildung einer Vielzahl (griech.: poly = πολύς = „viel") von flüssigkeitsgefüllten Kammern beziehungsweise Bläschen, den sogenannten Zysten, sind die Nieren in ihrer Filterfunktion erheblich eingeschränkt. Bei einer Nierenzyste handelt es sich demgegenüber um eine einzelne Zyste, die im Rahmen einer Untersuchung als in aller Regel harmloser Zufallsbefund erwähnt wird.

Genetisch bedingte Zystennieren sind die häufigste lebensbedrohliche Erbkrankheit beim Menschen und eine der Hauptursachen für chronisches Nierenversagen. Eine Heilung ist nur durch eine Nierentransplantation möglich.. Quelle: http://de.wikipedia.org

Hin und wieder frage ich mich heute, ob ich geantwortet hätte, wenn mir die Rasanz und die Richtung unserer Geschichte bewusst gewesen wäre. Bis jetzt war die Antwort immer JA.

Zeit des Verdrängens

Wann sich Annettes Nierenerkrankung manifestierte, lässt sich nicht mehr feststellen. Sicher ist nur, dass die Diagnose Zystennieren als Zufallsbefund bei einer Nierenbeckenentzündung ihres Vaters herauskam. Damals wurde die gesamte Familie untersucht. Alle Nachkommen tragen die Anlage der Krankheit in sich. Da aber viele gesunde Menschen auch Zysten in den Nieren haben, ist zum heutigen Zeitpunkt nicht festzustellen, ob bei ihren Söhnen, ihrer Schwester oder deren Kindern die Krankheit ausbricht. Die Chancen stehen 50:50.

Sie selbst beschreibt die Zeit des Verdrängens in einer E-Mail mit folgenden Worten:

> *Ich habe das vor ca. 17 Jahren erfahren, als man die Zystennieren bei meinem Vater durch Zufall festgestellt hat. Ich hab das Ganze verdrängt bis vor ca. 2 1/2 Jahren. Ich würde das gerne immer noch verdrängen aber .... Meine Kinder haben auch einige Zysten an den Nieren.[2]*

und:

> *Ich habe da etwas in mir, das wächst, es zerstört mit der Zeit mein Nierengewebe, dieser Prozess hat schon begonnen. Ich fühle mich im Augenblick machtlos diesen Prozess zu stoppen. Es tut noch nicht weh. Aber da ist was in mir was ich nicht fühlen, nicht greifen kann. Da ist halt das Gefühl machtlos zu sein. Ich kann mich nicht dagegen weh-*

---

2   Alle in diesem Buch vorkommenden E-Mails sind Originalzitate und in ihrer Form und Satzstellung unverändert.

13

*ren. Ich bin hilflos. Ich fühle mich allein gelassen
mit der Krankheit.*

*Ich bin auf der Suche nach Hilfe damit die Krankheit
nicht mein ganzes Denken, Handeln, Leben bestimmt. Ich möchte das auch mal wieder für einige
Zeit vergessen können, nicht verdrängen. Ich möchte
Fastnacht feiern können ohne Angst zu haben ich
könnte was falsch machen. Ich möchte darüber sprechen oder schreiben können ohne zu weinen. Immer
die vielen Fragen, warum trinkst du keinen Wein
mehr oder so.....*

Ihren Krankheitsausbruch konnte sie noch fast 15 Jahre hinauszögern oder eher verdrängen. Doch als es dann losging,
ging es mit aller Macht los. Als sie aktiv wird, weil das Verdrängen nicht mehr funktioniert, beginnt es direkt mit Blut-
drucksenkern, um die Nieren nicht unnötig mit hohem Blutdruck zu belasten, Eisenpräparaten zur Unterstützung der
Blutproduktion sowie diversen Ernährungseinschränkungen.
2007 im Herbst fuhr sie zu einer großen Untersuchung in
das Klinikum Aachen. Auch hier wurden die Diagnose und
die laufende Therapie nur bestätigt. Für Studien, an denen
sie gerne teilgenommen hätte, wurde sie als zu alt bezeichnet und ihr gesagt, ihre Erkrankung sei bereits zu weit fort-
geschritten.
Als wir im Frühjahr 2008 wieder zusammenkamen, war sie
ziemlich am Ende. Vor allem auf der psychischen Ebene. Da
Nieren und Nierenerkrankungen etwas mit Beziehung, besonders Paarbeziehung zu tun haben, wurde schnell klar, wo
die Gründe für den extremen Krankheitsverlauf der letzten
Jahre zu suchen waren. Aber wie heißt es schon in Michael

Ende`s Buch „Die unendliche Geschichte": „... aber das ist eine andere Geschichte und soll ein anderes Mal erzählt werden" ... oder vielleicht besser nie.

E-Mail

Ich war gestern noch im Internet und hab wieder über Zystennieren gelesen. Da ich immer alles verdrängt habe, wurde mir gestern bewusst das es doch eine lebensbedrohende Erbkrankheit ist. Mir geht es heute morgen nicht so gut, ich kann mich nicht beruhigen. Ich hab Angst. Die Schmerzen in meiner Schulter können auch von den Nieren kommen, hab ich gestern gelesen. Ich bin am überlegen soll ich zu meinem Hausarzt fahren, aber der kann wohl dann auch nicht helfen. Bringst du mir am Mittwoch wieder Globulies mit oder ich weiß nicht was ich machen soll. Mein Puls ist hoch, mein Blutdruck ist hoch, trotzt Tabletten aber das kommt alles von der inneren Unruhe. Die letzte Zeit war mein Blutdruck und mein Puls gut. Aber heut ist alles zu hoch.

Im Sommer 2008 wurden bereits pro Niere 300–400 Zysten geschätzt. Teilweise 5 cm im Durchmesser, sodass jede Niere ein Volumen von ca. 1,2–1,5 Litern hatte. Man stelle sich vor, auf jeder Seite eine große Flasche Mineralwasser im Körper.

Kreatinin-Werte:
Die Dokumentation des Abstiegs

Kreatinin ist das Abbauprodukt des Kreatins.

Kreatin ist ein Stoff im Muskel des Menschen. Er speichert die Energie und kann diese bei Bedarf (Muskelarbeit) wieder abgeben. Etwa 1–2 % des Muskelkreatins werden pro Tag zu Kreatinin abgebaut.

Kreatinin wird dann durch die Nieren aus dem Blut gefiltert und über den Urin ausgeschieden. Der Normwert liegt bei 0,66–1,09 mg/dl. Eine nachlassende Nierenleistung lässt den Wert im Blut ansteigen. Sozusagen als Anzeige für die Leistungsfähigkeit der Nieren.

02.07.2007	2,53 mg/dl
19.12.2007	2,53 mg/dl
30.10.2008	3,16 mg/dl
02.12.2008	3,06 mg/dl
02.02.2009	3,23 mg/dl
05.05.2009	3,15 mg/dl
03.07.2009	3.62 mg/dl
08.10.2009	3,99 mg/dl

Danach sollte es schneller gehen ...

Prädialsyse – die Zeit vor der Dialyse

Egal, unsere Beziehung kam deutlich zu spät, um den Krankheitsverlauf aufzuhalten. Wenn sie sich früher manchmal gewünscht hatte, endlich an die Dialyse zu kommen, um ihre Ruhe zu haben, war jetzt natürlich jeder Schritt Richtung Dialyse einer zu viel. Natürlich habe ich in den letzten Monaten alles an naturheilkundlichem Wissen aufgeboten, um das Nierenversagen aufzuhalten oder gar zu stoppen. Relativ gut funktioniert es, sie mit homöopathischen Mitteln mental zu stabilisieren, was ihr eine große Hilfe dabei gibt, die Situationen zu verarbeiten. Aber die Nieren?! Alle vier Wochen die Frage: Wie hat sich der Wert entwickelt? Fallende Werte hatten nur eine kurze Halbwertszeit, da sie vier Wochen später bereits eingeholt bzw. überholt worden waren. Auf jede Besserung oder jeden Stillstand der Kreatinin-Werte gibt es vier Wochen später einen Absturz. Aber unabhängig von den Blutwerten ist das Fortschreiten an der Abnahme der Leistungsfähigkeit zu bemerken. Die Krankheit heißt nicht ohne Grund „terminale Niereninsuffizienz" terminal = endständig, oder wie es hier gedacht ist „die Phase unmittelbar vor dem Tod eines Menschen". Ein Weg, den man in diesem Moment absehen kann und für den es nur zwei Auswege gibt: Dialyse oder Transplantation. Und der Feind, der Kreatininwert, steigt.

18.01.2010	4,39 mg/dl
29.03.2010	4.30 mg/dl
25.05.2010	5,10 mg/dl

Aber das sind nur Zahlen. Was ist die wirkliche, unübersehbare Einschränkung? Fehlende Belastbarkeit, bringt es eigentlich auf den Punkt. Einen Tag arbeiten gehen, sie geht immer montags in eine Boutique arbeiten, bedeutet immer bis mindestens Mittwoch fertig zu sein. Auch sonst bedeutete es an immer mehr Tagen, bereits nach dem Frühstück so müde zu sein, dass sie wieder ins Bett hätte gehen können. Und oft brachten nur ihre intensiven Mutterinstinkte sie dazu, nach dem Einkauf auch noch etwas zu kochen, statt wie der Körper es verlangte, ins Bett oder auf ihr geliebtes Sofa zu gehen.

28.06.2010   4,25 mg/dl
23.07.2010   4,60 mg/dl
06.09.2010   5,10 mg/dl

Abends einen Film zu Ende zu sehen? Keine Chance! Die Müdigkeit ist immer stärker und die Augenlider haben selten eine Chance gegen die Schwerkraft. Und trotzdem, auch nach oft über zehn Stunden Schlaf, ist die Anstrengung des Aufstehens und des Frühstücks bereits zu viel, sodass sie sich ohne Probleme wieder schlafen legen könnte.

05.10.2010   5,40 mg/dl
29.10.2010   5,70 mg/dl

Zusätzlich war im Oktober/November der Wert des Harnstoff im Bereich von ca. 150–180 mg/dl bei einem Normalwert von 10–40 mg/dl.

Es ist für mich bis heute noch nicht vorstellbar, welche Kraftanstrengungen sie vollbracht hat, um in dieser Zeit eine gute, fast überfürsorgliche Mutter zu sein und auch für mich als Frau und Partnerin da zu sein. Etwas, was uns beiden in den ersten Monaten unserer Beziehung viel Kraft und auch Rücksicht gekostet hat.

Dazu kommen immer häufiger Übelkeit am Morgen und ein bronchitisartiger Husten, der mit steigender Tendenz in minutenlangem Erbrechen endet. Heller, schaumiger Schleim. Alleine das Erbrechen und Würgen reicht meist bereits aus, um sie täglich an ihre physische Grenze zu bringen und ihren Körper nach Schlaf schreien zu lassen.

In diese Schwäche hinein muss sie dann zusätzlich blutdrucksenkende Medikamente einnehmen. Man will mit einem niedrigen Blutdruck die Nieren soweit als möglich entlasten, aber ihr raubt man die letzten Kraftreserven.

Manche Tage verbringt sie fast nur im Dämmerzustand. Sie ist kaum zu motivieren, sich zu bewegen. Manchmal ist es ihr sogar zu viel, zu reden und das will schon etwas heißen. Lediglich Pflichtgefühle treiben sie wieder dazu aufzustehen, einzukaufen und etwas zu kochen. Um danach schnell wieder auf ihrer Couch zu landen, dort Kraft zu schöpfen um die sonstige Hausarbeit zu erledigen.

Das alles sind alles zusammengenommen Zeichen der langsam fortschreitenden Vergiftung durch immer weiter nachlassende Nierenleistung. Und das Kreatinin steigt weiter. Langsam gehen mir die Ausreden aus, mit denen ich Annette beruhigen kann.

Doping

Wie der Kreatinin-Wert steigt, so fällt die Nierenleistung. Unter anderem erfolgt auch eine verminderte Produktion von Erythropoetin (Epo). Erythropoetin ist ein Hormon, das die Produktion roter Blutkörperchen bewirkt. Ohne dieses werden die roten Blutkörperchen weniger und schlechter in ihrer Qualität. Das Fehlen dieser roten Blutkörperchen wird im Blutbild als sinkender Hb-Wert (Hämoglobin) sichtbar. Normalwerte sind bei *Frauen*, 12,0-15,0 g/dl. Annettes Werte lagen immer deutlich unter 10 g/dl und vor der Gabe von Erythropoetin nahe an 9 g/dl. Seitdem bekommt sie regelmäßig das von Ausdauersportlern so beliebte Epo. Parallel dazu werden ihr Eisenpräparate in Form von Ferritin intravenös verabreicht.

Nierenversagen und Ernährung

Eine nahezu unendliche Geschichte. Und sie dreht sich fast immer um Phosphor und Eiweiß – Phosphor vermeiden und gleichzeitig Eiweiß in ausreichender Menge zu sich nehmen. Das führt manchmal zu eigentümlichen Kochrezepten. Statt Milch nimmt man Sahne mit Wasser. Von Eiern sollte man nur das Eiklar nehmen und das Eigelb reduziert nutzen oder komplett wegwerfen.

Lustig wird die Sache auch mit Kartoffeln. Kartoffeln sind ideal, weil sie wenig Eiweiß und kaum Natrium, aber über 5000 mg Kalium pro 100 g enthalten. Deutlich zu viel für Nierenkranke. Daher sollte man die Kartoffeln mindestens zwei Stunden vorher schälen und wässern. Dann kochen, aber nach der halben Kochzeit das Wasser wegschütten und mit frischem kochenden Wasser fertig garen. Kalium wird zu 90 % über die Niere und zu 10 % über den Darm ausgeschieden. Ein zu hoher Kaliumspiegel führt zu allgemeiner Schwäche und Unlust, Verwirrtheit, verlangsamtem Herzschlag, Herzrhythmusstörungen bis zum Herzstillstand, Muskelzuckungen, Muskelschwäche, seltener auch Lähmungen und Missempfindungen der Haut.

Zusätzlich sollte man sich als Nierenpatient salzarm ernähren, um den Blutdruck nicht unnötig zu erhöhen. Überhaupt sollte man sich dann so ernähren, dass man sein Körpergewicht so niedrig wie möglich hält.

Für mich als Hobbykoch ein wahrer Alptraum. Gut, Sahne zu benutzen ist eine meiner leichtesten Übungen. Kochen ohne Knoblauch und Sahne halte ich für unmöglich. Wenn ich nach meinem Gefühl koche, schmeckt es ihr besonders gut und sie isst manchmal mehr, als es gut ist, aber man muss sich auch mal etwas gönnen.

Da Annette noch natürliche Ausscheidung (Urin) hat, kann, nein, darf sie unbegrenzt trinken. Am besten zwei bis drei Liter pro Tag. Andere Nierenpatienten, die Dialyse machen und die keine Ausscheidung mehr haben, müssen ihre Flüssigkeitszufuhr auf einen halben Liter am Tag reduzieren. Ist schon schlimm, da wird dir empfohlen zu trinken und zu trinken und von einem Tag auf den anderen darfst du nicht mehr. Schlimm dabei ist, dass man diese Flüssigkeitsmenge bereits mit der normalen Nahrung ausschöpft. Kartoffeln, Suppen, Brühe, Joghurt, Pudding … All diese Nahrungsmittel enthalten einen sehr hohen Wasseranteil und füllen sehr schnell die Wasserration für einen Tag.

Phosphatbinder

Phosphat ist in vielen Nahrungsmitteln enthalten. Bei gesunden Menschen wird es über die Nieren ausgeschieden. Bei Nierenkranken kommt es dagegen zu einer schädlichen Anreicherung im Körper. Phosphatbinder verhindern das, indem sie das Phosphat im Darm binden und über diesen ausscheiden.

Nebenwirkungen von Phosphatbindern sind u. a. Völlegefühl und Verdauungsstörungen, sowie bei aluminiumhaltigen Phosphatbindern, die nur noch in Deutschland und einigen Entwicklungsländern zugelassen sind, Aluminiumablagerungen im Gehirn und in den Knochen.

Bei zu viel Phosphat im Körper kommt es zu Störungen im Calciumhaushalt. Eine zu hohe Phosphataufnahme behindert die Calciumverwertung. Zusätzlich wird die Nebenschilddrüse angeregt, mehr Hormone zu produzieren. Diese Hormone bewirken, dass Calcium aus den Knochen gelöst wird, um den Calciumspiegel im Blut konstant zu halten. Es kommt zu einem verstärkten Abbau der Knochensubstanz. Dies wiederum begünstigt oder führt zu Osteoporose.

Phosphate werden Lebensmitteln als Stabilisatoren und Verdickungsmittel zugesetzt. (E338, E339, E340, E341, E345)

Zu finden sind sie z. B. in Süßigkeiten, Cola, Limonade, Schmelzkäse, Wurst und vielen Fertiggerichten.

Um einen kleinen Überblick über die Phosphatmengen in Lebensmitteln zu geben, hier eine kurze Tabelle mit der Phosphatmenge je 100 g Lebensmittel:

Weizenkeime	1100 mg
Weizenkleie	1143 mg
Knäckebrot	301 mg
Erbsen	375 mg
Sojabohnen	550 mg
Fetakäse	400 mg
Gouda	443 mg
Emmentaler	627 mg
Schweinefleisch	204 mg
Pistazien	500 mg
Paranüsse	674 mg
Walnüsse	410 mg

Besonders proteinreiche Lebensmittel wie Fleisch und Fisch, aber auch Brot und Käse enthalten also viel Phosphat. Hier die **empfohlene Zufuhr von** Phosphor laut DGE

Alter	Phosphat mg/Tag
15 bis unter 19 Jahre	1250
19 bis unter 25 Jahre	700
25 bis unter 51 Jahre	700
51 bis unter 65	700
65 Jahre und älter	700

(Quelle: Deutsche Gesellschaft für Ernährung, DGE)

Die Schlussfolgerung heißt für jeden Dialysepatienten, zu jedem Essen eine bestimmte Menge an Phosphatbindern zu sich zu nehmen und dass „gesunde" Ernährung für Nierenkranke „Gift" sein kann.

RheinZeitung, 28. August 2010

Nierenspende an Ehefrau: Steinmeier nimmt Auszeit

Berlin (dpa) - Der SPD-Fraktionsvorsitzende Frank-Walter Steinmeier stellt sich als Organspender für seine schwer kranke Frau zur Verfügung und zieht sich vorübergehend aus der Politik zurück. Bereits am Dienstag sollen beide operiert werden. Das Paar ist dafür seit Montag in ärztlicher Betreuung.

Seine 48 Jahre alte Ehefrau Elke Büdenbender leide seit einigen Wochen an einer fortgeschrittenen Nierenerkrankung, teilte Steinmeier am Montagmorgen überraschend mit.

«Mangels Alternativen, und weil die entsprechenden Voruntersuchungen das auch erlauben, werde ich selbst der Spender sein.» Der 54-Jährige fügte hinzu: «Sie haben sicherlich Verständnis dafür, dass ich deshalb für einige Wochen nicht auf der politischen Ebene aktiv sein werde.»

Der frühere SPD-Kanzlerkandidat zeigte sich angesichts der ärztlichen Expertisen sehr zuversichtlich, dass er nach dem Eingriff wieder ohne Einschränkung - möglichst ab Oktober - aktiv sein könne. Vorher plant er gemeinsam mit seiner Frau einen längeren Aufenthalt in einer Reha-Klinik. «Wir nehmen uns die Zeit, die wir brauchen», kündigte er in der «Bild»-Zeitung an. «20 Jahre Politik auf den Knochen der Familie, jetzt ist es mal umgekehrt», begründete Steinmeier seine Entscheidung für die Operation. Er sei optimistisch, dass die Transplantation erfolgreich verlaufe. «Sie werden mich hier in alter Frische wiedersehen.»

Hoffnung! Vielleicht bringt dieser Bericht bzw. diese Spende eines Prominenten einen Schub in die Spendenbereitschaft der Deutschen. Die Spendenbereitschaft ist da. Zirka 75 % der Deutschen sind bereit, im Todesfall Organe zu spenden. Leider haben aber nur ca. ein Viertel dieser potentiellen Spender auch einen Organspenderausweis in ihren Papieren.

Inzwischen wird aber in Deutschland endlich immer mehr darüber diskutiert, bei Organspenden die bestehende Zustimmungs- durch eine Widerspruchsregelung zu ersetzen. Mit dieser neuen angestrebten Regelung käme grundsätzlich jeder Hirntote als Spender in Betracht. Es sei denn, der Betroffene selbst hätte zuvor die Organentnahme abgelehnt oder Angehörige widersprechen ausdrücklich einer Spende. Erstaunlicherweise ist in Deutschland besonders die Ärztekammer ein Gegner dieser Änderung. In den meisten europäischen Ländern wie etwa Frankreich, Belgien oder Italien gilt diese Widerspruchsregelung.

Der Weg in die Dialyse

03. November 2010

Auch wenn man diese Worte erwartet, kommen sie doch unerwartet und erschreckend?

„Sie wissen es selbst! Es geht nicht mehr weiter ohne Dialyse.“

> *Befund*
> - *Autosomal-dominante polyzystische Nierener-*
>   *krankung*
> - *renale Hypertonie*
>
> *Patient ist müde, Appetit noch gut, mag aber nichts*
> *Süßes mehr,*
> *einzelnen Tag sind erstaunlich gut, da geht auch*
> *walken*
> *Belastungsdyspnoe mit Enge in der Brust*
> *GFR 8 ml/min* [3]
> *Der Patientin wird eine Dialysebehandlung angera-*
> *ten.*

Seit Jahren ein Thema, dass sie vor sich selbst zu verstecken
versucht hat. Zumindest bis vor ein paar Jahren, als der allgemeine Zustand, die Kraft und auch die Ausdauer deutlich
nachließen. Aber auch die Hoffnung, dass es sich auf einem
erträglichen Niveau stabilisieren würde, ließ nach. Aber nun
…

Zum Glück haben wir uns in den letzten Monaten dem Thema Dialyse immer mehr angenähert, sodass die Entschei-

---

3 **GFR – Glomeruläre Filtrationsrate**

Normwert beim Gesunden über 90. Bereits bei Werten unter 15 spricht man
von Nierenversagen. Grob entspricht dieser Wert der Prozenteinteilung der
Nierenfunktion.

dung schnell feststand. „Ich will nicht an eine Maschine", das war ihre Motivation und so stand schnell fest, es kommt nur eine Bauchfelldialyse[4] in Frage.

Für mich war, ohne großes Nachdenken, sofort klar, dass wir uns dann eben meine Nieren teilen müssen. Da ich seit einiger Zeit bei der DKMS[5] typisiert bin, war meine erste Handlung nach dem unvermeidlichen Satz, dort anzurufen und meine Gewebetypisierung anzufordern. Wie unnötig das war, sollte ich erst später erfahren. Auch hier, wie überall in der Medizin, glaubt man nur seinen eigenen Befunden. Aber es war ein Schritt, ich denke, ein wichtiger Schritt, der die Richtung zeigte, in die es gehen sollte. Annette war schockiert und gerührt, als ich bei unserem nächsten Besuch beim Nephrologen das Schreiben der DKMS hervorzog und dem Arzt übergab. Bisher hatten wir das Thema Lebendspende nicht im Geringsten angesprochen

Donnerstag, 11. November 2010
Kreatinin   6,67 mg/dl

---

4 **Bauchfelldialyse (CAPD)**

Die Peritonealdialyse (PD) ist auch unter dem Begriff Bauchfelldialyse bekannt. Es gibt unterschiedliche PD-Verfahren, z. B. die manuelle CAPD (continuously ambulatory peritoneal dialysis, kontinuierliche ambulante Peritonealdialyse), oder die mit Geräten durchgeführten Methoden der CCPD (kontinuierliche zyklische PD), der IPD (intermittierende PD), NIPD (nächtliche intermittierende PD) etc. Die Wahl des Verfahrens hängt unter anderem von den Transporteigenschaften des Peritoneums (Bauchfell) und der Grunderkrankung des Patienten ab. Quelle: http://de.wikipedia.org

5 **DKMS**

Die DKMS „Deutsche Knochenmarkspenderdatei gemeinnützige Gesellschaft mbH" ist mit über 2.422.217 registrierten Spendern die weltweit größte Stammzellspenderdatei.

Krankenhaus

Freitag, 12. November 2010, Operation

Nachdem wir gestern schon hier waren und die Formalitäten sowie die Voruntersuchungen erledigt haben, ist nach einer letzten Nacht im eigenen Bett heute der Tag. Ist es ein großer Tag? Eher nicht, der soll noch kommen, aber auf jeden Fall ein Tag in einen neuen Lebensabschnitt.

Nach über zwei Stunden kommt sie zurück. Halb schlafend, blasser noch wie immer in der letzten Zeit.

Etwas viel Chaos auf der Station, kaum jemand, erst recht kein Arzt, scheint sich für sie zuständig zu fühlen. Irgendwie hat sich das Krankenhaus-Team heute zu viel vorgenommen. Ein nicht zu schaffendes Pensum kommt aus dem Operationssaal. Ich bedauere die Schwestern und Pfleger. Ich muss drängen, damit es ein Schmerzmittel für Annette gibt. Aber keiner, auch die Stationsärztin, die hauptsächlich durch Abwesenheit glänzt, weiß so recht etwas mit ihrer Situation anzufangen. So vermittele ich zwischen Dialysestation und der allgemeinen internistischen Station, wann was gegeben werden kann.

Mit der richtigen, jetzt endlich von der Dialysestation angeordneten Schmerzmitteldosierung geht es über den Nachmittag und gegen Abend haben ihre Lebensgeister sie wieder eingeholt. Natürlich hat sie immer noch Wundschmerz, aber in erträglicher Weise, solange die Dosis stimmt.

Montag, 15. November 2010

Nach einem durchwachsenen Wochenende mit Schmerzen, vor allem aber schmerzhaften Blähungen und einem Bauch wie ein Medizinball, nicht so groß, aber so fest, ist heute der mit Spannung erwartete Tag.

Nachdem bereits seit Freitag beständig Material aufs Zimmer geliefert wird, ist die Dialyseausrüstung jetzt perfekt. Von der Dialysestation kommt eine Pflegerin und lässt erstmals 500 ml Dialyseflüssigkeit in Annettes Bauch einlaufen. Zum ersten Mal sehe ich den Schlauch und bin ganz erstaunt. Alles ist unspektakulärer, als ich es mir vorgestellt habe. Einfach ein 30 cm langes Stück Schlauch mit Klemme und Anschlussstück. Trotzdem irgendwie irreal, das der aus ihrem Bauch rauskommen soll! Wie real es wirklich ist, werde ich zum ersten Mal sehen, wenn der Verband gewechselt wird. So real, dass es lange meine Aufgabe ist, diesen Verbandswechsel vorzunehmen.

Der Schlauch! Ich denke, Annette hat geschätzte drei Monate oder so gebraucht, bis sie sich die Kathetereintrittsstelle (oder heißt es Austrittsstelle?) angesehen hat. Für mich wurde es sehr schnell normal, alles drum herum mit Desinfektionsmitteln zu reinigen und neu einzupflastern.

So geht es dann los, Training ist angesagt:

Fenster und Türen zu,

Mundschutz an,

Hände desinfizieren,

Beutel knacken (zwei getrennte Flüssigkeiten müssen zusammengebracht werden),

alles an den Dialyseständer hängen,

Schlauch und Anschlussdisplay desinfizieren,

Hände desinfizieren,

Schlauch anschließen,

Schlauchklemme öffnen,

Flüssigkeit kommt.

... ja, wenn sie denn kommt. Optimalerweise kommt die Flüssigkeit im Sitzen ohne große Probleme. Aber bei Annette nicht. Ok. Alles neu, Stress, Aufregung, Angst, alles Faktoren, die den Auslauf stören können. Also alles noch im Normbereich für den ersten Tag. „Turnübungen" sind angesagt: Linke Seite, rechte Seite, Beine hochlegen, Vierfüßlerstand, Stehen mit Bauchtanz ...

Alles wird versucht, um den Tenckhoff-Katheter[6] in die richtige Position zu bringen.

So werden die ersten Versuche zur Qual und der Stresspegel steigt, gepaart mit Verzweiflung und Angst. Noch ist beruhigen angesagt.

---

6 **Tenkhoff Katheter**

bei chronischer Peritonealdialyse gebräuchlicher Katheter aus Silikonkautschuk mit vielfachen Perforationen im geraden oder spiralig gewundenen Ende.

Schematische Darstellung der Bauchfelldialyse

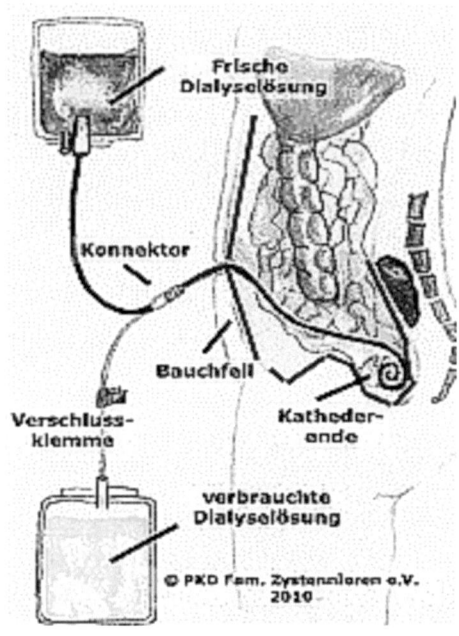

Quelle: Internetseite der PKD Fam. Zystennieren e. V. 2010[7]

Die Dialyseflüssigkeit besteht in der Regel aus Elektrolyten (Natrium, eventuell Kalium, Calcium, Magnesium), Puffer (Laktat oder Bicarbonat) und Zucker (Glukose). Der Zucker wird zur Entfernung von überschüssiger Flüssigkeit eingesetzt (Ultrafiltration).

---

7 **PKD** (**Polyzystic Kidney Disease**)
  PKD Familiäre Zystennieren e.V.
  Karl-Kreuzer-Weg 12, 64625 Bensheim
  E-Mail: info@pkdcure.de, Internet: www.pkdcure.de

Dienstag, 16. November 2010

Nach mehreren Dialyse-Versuchen, die eher schlecht als recht verliefen, entscheidet sich der Chefarzt, morgen eine Reposition des Katheters mittels einer Metallsonde unter leichter Betäubung durchzuführen. Zum Glück keine neue Operation. Denkste!

Zusätzlich hatte ich heute einen Termin mit einem Mitarbeiter des Dialyseteams. Er ging mit mir vor Ort, also bei Annette zu Hause, die Örtlichkeiten durch. Dass genug Lagerplatz vorhanden ist, war schnell klar. Dass aber der Platz, an dem sie die Dialyse durchführen will, ebenfalls nach unseren Vorstellungen gewählt werden kann, überrascht dann doch. So kann sie also während ihrer Dialyse fernsehen und wir müssen nicht noch einen zusätzlichen Raum fertig machen und nur zur Dialyse heizen.

Mittwoch, 17. November 2010

Da ich mir für diese Woche viel freie Zeit eingetragen habe, kann ich auch heute wieder im Krankenhaus sein. Ich erlebe, wie sie wieder im Bett weggefahren wird, muss wieder warten und es dauert und dauert und dauert. In der Radiologie, wo man die Reposition unter Röntgenkontrolle versucht, kann ich einen Blick auf sie erhaschen. Sie liegt so entspannt auf ihrem Bett. Eigentlich hilflos und trotzdem anziehend und schützenswert.

Aber es nützt alles nicht. Der Arzt konnte die Lage des Katheters nicht entscheidend verändern. Falls es sich nicht von selbst korrigiert, ist für Freitag die endoskopische Reposition eingeplant. Nach den nächsten Dialyseversuchen steht fest: Der Katheter liegt immer noch falsch und die Hiobsbotschaft lässt nicht lange auf sich warten. Statt wie erhofft Freitag entlassen zu werden, steht sie wieder auf dem Operationsplan. Morgen will man den Katheter endoskopisch in die richtige Lage bringen, das heißt, ihn knapp über der Blase zu platzieren.

Freitag, 19. November 2010

Alle Hoffnungen, heute entlassen zu werden, haben sich zerschlagen. Statt dessen heißt es wieder: rein in den OP.

Diesmal kann endoskopisch gearbeitet werden. Das bedeutet drei kleine Schnitte. Einer davon im Bauchnabel, eine Stelle, an der sie normalerweise sehr empfindlich ist. Es wird bis Mai dauern, bis sie dort wieder ein normales Empfinden hat.

Wieder Schmerzen, hauptsächlich Wundschmerz. Aber seit dieser Reposition des Katheters läuft „es". Mal gut, mal nicht so gut. Aber im allgemeinen ist es okay und die Werte, die in den nächsten Monaten geprüft werden, bestätigen die positive Tendenz.

Nachdem ich bereits am Dienstag mit einem Zentrumsmitarbeiter die Örtlichkeiten in Annettes Haus auf Dialysemöglichkeit geprüft habe, ist für mich heute nochmal Doppelvorstellung. Zum einen, um ihr im Krankenhaus beizustehen, zum anderen muss ich in ihre Wohnung. Hier hat sich für heute die erste KfH–Lieferung angesagt.

KFH

Das gemeinnützige KfH-Kuratorium für Dialyse und Nierentransplantation e. V., 1969 gegründet, ist Wegbereiter und Schrittmacher für eine hervorragende Versorgung chronisch nierenkranker Patienten in Deutschland. Heute werden etwa 30 Prozent der ca. 70.000 Dialysepatienten in Deutschland in den ärztlich geleiteten Einrichtungen des KfH behandelt (siehe auch: http://www.kfh-dialyse.de).

Von hier bekommen wir (ich schreibe wir, obwohl nur Annette die Lieferung bekommt) alles, was zur Dialyse benötigt wird, unabhängig von einer Apotheke.

Ab jetzt kommt pünktlich alle vier Wochen ein LKW und lädt im Durchschnitt eine Palette Material ab. So in etwa 180-200 kg. Wie sagte eine andere Dialysepatientin so treffend: „Es sieht jedes Mal so aus, als würde jemand einziehen." Zum Glück hat Annette ein großes Haus gemietet, sodass es keine Lagerschwierigkeiten gibt. Um eine ungefähre Vorstellung zu geben: Eine Tagesration Dialyseflüssigkeit ist verpackt etwa so groß wie drei Schuhkartons und wiegt zirka 9 kg. Dazu kommen drei Sorten Desinfektionsmittel, eine spezielle Handwaschlotion, zwei verschieden große Pflaster mit Mullauflage, Pflaster zur Fixierung, 8x8 cm große Tupfer, Spezialpflaster zum Überkleben beim Duschen, Mundschutz, Verschlusskappen und … und … Alles nur kartonweise und mehrere von jedem. Heute bei der ersten Lieferung gibt es zusätzlich noch einen Blutdruckmesser, eine Körperwaage, eine Federwaage, um die Dialyseflüssigkeit (Ein- und Auslauf) zu wiegen, ein Cuttermesser zum Öffnen der Kartons und einen Infusionsständer inklusive der Halterungen, die zur Dialyse nötig sind. Selbst benötigte Müllbeutel, zwei verschiedene, mit Verschlussbändern, sind dabei.

Abgesehen von dem neuen Material bleibt nach vier Wochen immer auch viel Müll übrig. Auch hier hilft die KfH. Die Kartons sowie die Umverpackungen der Dialysebeutel nehmen sie wieder mit zurück. Nur auf den eigentlichen Beuteln, in denen ja nur steriles Material ist, bleibt man sitzen. Es enthält schließlich urinähnliche Körperflüssigkeiten. Die müssen über den Restmüll entsorgt werden. Verstehe es wer will! Jeder, der sich die Menge nicht vorstellen kann, darf gerne mal zu uns kommen und eine Wochenration mit in seine Tonne nehmen. Aber gut, zwei Wohnorte, zwei Mülltonnen, da kommt man schon klar. Lustig wird es nur, wenn der Liefertag auf einen Feiertag fällt. Dann kann es vorkommen, dass man im Vormonat eine doppelte Lieferung ins Haus kriegt. Dann ist aber wirklich alles voll.

Eins noch und dann ist Schluss mit dem KfH-Lob. Die KfH zahlt jedem ihrer Dialysepatienten einen monatlichen Betrag, der für zusätzlichen Müll sowie die zusätzlichen Stromkosten entschädigen soll. Ach ja, habe ich schon erwähnt, dass die Dialyseflüssigkeit vor der Anwendung auf Körpertemperatur erwärmt werden muss?

Und noch eine, wenn auch kleine, kritische Anmerkung. Da stellt man dem Patienten eine Körperwaage für annähernd 1000 Euro zur Verfügung, aber für einen elektronischen Blutdruckmesser reicht es scheinbar nicht. Obwohl ich denke, für den uns zur Verfügung gestellten „normalen" Blutdruckmesser mit angeschlossenem Stethoskop hätte man auch einen batteriebetriebenen kaufen können.

Dienstag, 23. November 2010

Endlich zu Hause. Wie erwartet lässt der Stresspegel die ersten Dialysezyklen zu einem Fast-Desaster werden. Doch es wird und die nächsten Tage normalisiert sich der Auslauf und alles geht seinen Weg in Richtung Dialyseroutine. Aber spannend war der Anfang schon.

Dazu muss sie sich noch an die Dokumentation gewöhnen. Noch so eine lästige Sache, aber nötig, um den Kostenträgern nachzuweisen, dass man auch immer schön brav seine Dialyse macht und nicht alles in den Abfluss laufen lässt. Aber natürlich dient sie auch der eigenen Kontrolle. Also mindestens einmal am Tag wiegen und Blutdruck messen. Zusätzlich noch jeweils die Einlauf- und die Auslaufmenge. Natürlich immer mit Datum, Uhrzeit und die Konzentration der Lösung. Auch hier gibt es fertige Formulare des KfH. Natürlich in doppelter Ausfertigung. Eins für das Dialysezentrum, eins für sie selbst.

Leben mit Dialyse

Dezember 2010 bis Februar 2011

Es läuft. Meistens jedenfalls.

Der totale Tiefpunkt hat dann bis nach Weihnachten auf sich warten lassen. Eine Grippe mit viel Husten hat sie umgehauen. Schlimmer ist, dass der Auslauf nicht so funktioniert, wie es ihr lieb wäre. Eigentlich ist das nicht verwunderlich. Aber die Operationsfolgen sind noch nicht wirklich verdaut, das Thema Dialyse an sich verursacht wohl immer noch Stress. Ohne dass sie verstehen will, dass es normal ist, dass in einer solchen Phase mit Anspannung, Husten und Schmerzen die Auslaufmenge auch schon mal schlechter sein kann, wird sie ungehalten, nein, eher böse und meint nur noch: „Im neuen Jahr lass ich mir alles rausnehmen und gehe an die Hämodialyse. Den Stress mach ich nicht mehr mit. Ich will nicht mehr! Ich kann nicht mehr! Dann lieber doch drei Mal die Woche ins Krankenhaus."

Aber nach diesem tiefen Tal ist der Ablauf wirklich zur Routine geworden. So routiniert, dass es in den nächsten Monaten immer mal wieder zu der Frage kommt: „Hab ich eigentlich meinen Wechsel schon gemacht?"

Aber wie funktioniert es sonst?

Unser Leben folgt nun einem Plan. Mehr, als man ein normales Leben plant, okay, krankhafte Perfektion mal ausgenommen. Aber da sind immer vier Zyklen à 20 bis 30 Minuten pro Tag einzuplanen, die jeweils vier bis sechs Stunden auseinander liegen sollten. Lediglich in der Nacht sind bis zu zehn Stunden ohne Probleme möglich.

Apropos Nacht.

Wer sich Gedanken macht, wie man damit umgeht, dass bei seinem Partner ein Schlauch aus dem Bauch ragt, dem kann ich nur von mir sagen: Mir ist das egal! Oder nein! Nicht egal! Ich sehe und sah diesen Schlauch immer als eine Art Nabelschnur, die Annette am Leben erhält. Als sonst nichts! Natürlich stört er beim Bauch streicheln, aber auch darin kriegt man Übung und streichelt herum. Auch beim Thema Sexualität stört er nicht wirklich, auch wenn Frau das so denkt. Aber mir ist eine körperlich fitte Frau lieber, wie eine ohne Schlauch, die nicht mehr oder nur schwerlich in der Lage ist, ihren normalen Tagesablauf zu bewältigen. Okay – der Bauch wird durch die Flüssigkeit etwas dicker. Aber wie schrieb schon Johannes Mario Simmel in „Liebe ist nur ein Wort": „Alle wirklich schönen Frauen haben einen kleinen Bauch."

Um nochmal zum Thema Sexualität zurückzukommen, erinnere ich mich daran, ein Posting in einem Dialyse-Forum gelesen zu haben, das ich hoffe, hier einfach so wiedergeben zu dürfen:

> *„... ich hab auch ein wenig Probleme mit der Eigeninitiative, seit ich CAPD mache. Habe einfach das Gefühl, dass es meinen Freund stören könnte, wegen dem Schlauch, was aber völliger Quatsch ist. Ich glaube, dass es teilweise einfach auch mit Frust zu tun hat, weil man selber Dialyse machen muss, aber ja logischerweise gar keine Lust drauf hat ...*
> *aus: www.dialyse-online.de*

Aber auch ohne „Schlauch" ist sexuelle Unlust bei einer Nierenerkrankung bzw. Dialyse ein großes Thema. Zum einen schaffen es, wie schon erwähnt, die geschädigten Nieren nicht mehr, genügend Erythropoetin (Epo) zu produzieren und die allgemeine Leistungsfähigkeit und somit auch die sexuelle, geht in den Keller. Desweiteren nehmen nierenerkrankte Patienten oft einen Riesenmix an Medikamenten zu sich. Wie auch Blutdrucksenker, die auch die Libido der Frauen senkt und bei Männern dazu führen kann, dass der Samenerguss ausbleibt. Zusätzlich haben natürlich viele Nierenkranke eine andere Grunderkrankung, wie z. B. Diabetes, die ebenfalls negativ in dieses Thema hineinspielt. Aus diesen Gründen werden in Internetforen Themen wie Viagra, Hormone und natürliche luststeigernde Mittel sehr kontrovers diskutiert. Bis hin zu Paaren, die während der Dialysezeit vollkommen enthaltsam leben.

Wie schreibt eine andere Forumsteilnehmerin so schön:

> *... die Lust meines Partners ist auf Urlaub ... wenn ich wüsste wo, wäre ich nachgeflogen und hätte sie zurückgeholt*
>
> *aus: www.dialyse-online.de*

Auch nach der Transplantation wird Sex zum Thema. Die meisten erfahren danach zwar eine Rückkehr ihrer Libido und auch des Funktionierens. Aber wegen der Infektionsgefahr gibt es auch hier Paare, die weiterhin darauf verzichten. Ok – die ersten Monate sollte man vorsichtig sein und Kondome benutzen. Aber was macht das schon? Man soll ja auch die erste Zeit nach der Transplantation nicht küssen?!

Aber wieder zurück zum Tagesablauf. Sogar ein einfacher Einkaufsbummel muss geplant werden. Zum Beispiel: Hin- und Rückfahrt je eine Stunde, da ist die Zeit für den Bummel auf drei bis vier Stunden begrenzt. Eine Fahrt zu einem entfernten Weihnachtsmarkt wird da schon zur Rechenaufgabe. Und bis zu unserer ersten Dialyse im Auto sollten noch 4 Monate vergehen. Die Dialyse ist so wie unser dritter Mitfahrer, nach dem sich alles richtet.

Um direkt alle Fragen zu beantworten, wieso das so lange gedauert hat, sei erklärt: Das größte Risiko bei der Bauchfelldialyse ist, dass mit jedem Öffnen des Katheters der Bauchraum geöffnet ist und so die Gefahr einer Bauchfellentzündung besteht. Abgesehen von der Todesgefahr, die davon ausgeht, soll das eine äußerst schmerzhafte Sache sein, die allerdings, wenn man den Gerüchten glaubt, jeder Bauchfelldialysepatient mal mitmacht. Wir können darauf verzichten!

Oder abends ausgehen? Man muss einfach manchmal über die Stränge schlagen. Alle Nephrologen mal weghören oder die nächsten Zeilen nicht lesen: Es ist auch mal möglich, einen Beutelwechsel sprich Dialysezyklus ausfallen zu lassen. Man sollte es sich nur nicht zur Gewohnheit machen.

Da wir nicht zusammen wohnen, sondern leider noch knapp eine Autostunde voneinander entfernt und „nur" eine Wochenendbeziehung führen, telefonieren wir natürlich häufig. Und da verändert die CAPD natürlich das Telefonverhalten insoweit, als die ersten Sätze meist dem Verlauf der letzten oder der laufenden Dialyse gelten. Erst dann ist Platz für andere Themen. Viele andere Patienten, auch die großen Anbieter von Dialyseflüssigkeit, sprechen davon in der Zeit während des Beutelwechsels: Zeit zum Lesen, zum Frühstücken, usw. Aber wenn man keinen unproblematischen Auslauf hat, ist es schon immer spannend, ob es läuft oder nicht. Und wenn es läuft, dann wie lange? Natürlich kann man sagen, um so mehr man darüber nachdenkt ob es läuft, um so größer ist die Wahrscheinlichkeit, dass es nicht läuft. Ähnlich wie es Paul Watzlawick in seiner Anleitung zum Unglücklichsein beschreibt, dass man sich seine eigene Realität selbst erschafft.

Jetzt bitte nicht falsch verstehen! Bauchfelldialyse ist und bleibt für uns die erste Wahl, auch wenn es eine Entscheidung zwischen Pest und Cholera ist. Wir, oder eher Annette, haben uns bewusst gegen die Maschine und drei mal in der Woche für jeweils sechs bis acht Stunden Krankenhaus entschieden und würden dies wieder so tun, aber auch so bleibt es nicht ohne Einschränkung.

Die nächste spannende Sache ist Urlaub. In den ersten Gesprächen, den Infos, die so im Netz kursieren und die man auch auf seiner Dialysestation erhält, ist es kein Problem, trotz CAPD in den Urlaub zu fliegen. Aber nur innerhalb Europas und wie man Europa hierbei definiert, entspricht nicht der zur Zeit erwarteten „Political Correctness". Also östliche Länder sind schon kritisch oder unmöglich, wie zum Beispiel das beliebte und günstige Ferienland Bulgarien. Ägypten ginge, prinzipiell, aber dahin lässt es die politische Lage zur Zeit nicht zu, Dialyseflüssigkeit zu liefern.

Ach ja, Urlaub?! Hatte ich jetzt schon seit fast 18 Monaten nicht mehr. Nach langer, intensiver und verwirrender Internetrecherche sind wir dann doch im Reisebüro gelandet und haben Teneriffa gebucht. Wird ja alles hingeliefert. Denkste! „Wir liefern die Flüssigkeit und die nötigen Verschlusskappen. Den Rest müssen Sie selbst mit zum Urlaubsort nehmen. Im Prinzip kein Problem, wäre ich nur nicht so ein guter Staatsbürger, der alles richtig machen will. Also fragte ich ganz unbedarft nach:

> *Flugstrecke: Frankfurt – Teneriffa Süd*
> *Nachricht: Hallo Condor Team*
> *bitte teilen sie mir mit, wie ich mit folgenden Materialien umgehen muss, die*
> *ich auf o. g. Reise zur Dialysedurchführung am Urlaubsort mitnehmen muss:*
> *Cutasept F ca. 250 ml*
> *Octenisept ca. 250 ml*
> *Skinmansoft ca. 500 ml*
> *Wärmeplatte incl. Tasche (Größe reicht für Handgepäck) ca. 2 kg*
> *diverse Kleinigkeiten, wie Verbandmaterial, Verschlusskappen.*
> *Die o. g. Desinfektionsmittel möchte ich in geringem Umfang wenn möglich aus*
> *Sicherheitsgründen auch ins Handgepäck mitnehmen.*
> *vielen Dank für ihre Mühe und schöne Grüße*

Oh je! Nach mehreren Mails, inklusive der kompletten Ablehnung, weil Gefahrgut, kam dann von exponierter Stelle die Genehmigung, Octenisept mitzunehmen. Kein Hinweis wo und wie, also machen wir es wie wir denken und packen mal alles in die Koffer und nehmen Octenisept mit ins Handgepäck.

Naja, am 6. Juni geht's los. Wird spannend!

Noch mal zurück zur Dialyse im Allgemeinen. Immer wieder erfahren wir Mitleid und Bedauern wegen ihrer Dialyse. Natürlich, und ich will das hier nicht beschönigen, ist es ein schlimmer, ja brutaler Einschnitt in das Leben eines Menschen. Aber wer näher hinsieht, all die Einschränkungen, die ich bereits beschrieben habe, mit all dieser Müdigkeit, der glaubt es nicht, wie schnell Lebenskraft und Lebensqualität wieder Einzug in das Leben eines Nierenkranken bringen können. Hier hat besonders die Bauchfelldialyse ihre Vorteile, da man freier und nicht abhängig von einer Dialysestation ist. Zusätzlich hat die Bauchfelldialyse, als kontinuierliche Therapie nicht diesen auszehrenden Faktor, den die Hämodialyse mit sich bringt. Bei dieser intensiven Blutwäsche über vier bis sechs Stunden folgen über 40 Stunden, in denen der Körper Giftstoffe ansammelt. Am Wochenende sogar weit über 60 Stunden.

Nachteil der Bauchfelldialyse ist, dass sich die Körperform ändert. Das bedeutet, wie schon erwähnt, Mann/Frau kriegt einen Bauch. Bei Männern ist es noch erträglich, aber bei Frauen kann es schon ein Problem sein, auszusehen, als sei sie im vierten oder gar sechsten Monat schwanger, ohne es zu sein. Da kommt es manchmal schon zu lustigen oder auch peinlichen Vorfällen.

Kleidungskauf! Der Po hat immer noch Größe 38, während der Bauch eher zu 42 oder gar 44 tendiert. Beim Hosenkauf zum Beispiel kommt man da nur schwerlich an der Schwangerschaftsabteilung vorbei. Das Tragen enger Shirts und Tops ist vorbei. Alles muss jetzt länger und weiter sein. Da kommt es beim Einkaufen schon mal zu Frustausbrüchen in allen Formen und es wird einem als Einkaufsbegleiter manchmal einiges an Geduld, Ausdauer und Verständnis abverlangt. Manchmal ist man aber auch nur als Motivationskünstler gefragt.

Transplantationsvorbereitung

Februar–März 2011

Vorbereitungen zur Aufnahme auf die Transplantationsliste bedeutet wieder: Termine über Termine. Also, wer muss alles aufgesucht und was untersucht werden:

- Augenarzt
- Gynäkologe
- Hautarzt
- Kardiologe
- Zahnarzt
- HNO-Arzt
- Internist zur Darmspiegelung
- 24 Stunden Blutdruckmessung
- Röntgen Becken, Nasennebenhöhlen, Lunge
- Ultraschall der Hals- und Beingefäße

Purer Stress. Aber trotzdem läuft sie zur Hochform auf. Sie macht Druck, weil man ihr erst in Monaten einen Termin geben will. So schafft sie es, alle Untersuchungen in drei Wochen durchzuziehen. Ständig in wechselnden Arztpraxen, aber ihre Kondition hält – auch wenn sie leidet und abends fertig ist. Und immer wieder dem Befund nachlaufen. Eine Sisyphusarbeit, aber die scheinbar einzige Möglichkeit, alle Unterlagen pünktlich nach Heidelberg zu schicken.

Um etwas runterzukommen und all das ein wenig aus unserem direkten Blick zu verscheuchen, gönnen wir uns Anfang April ein entspannendes Wochenende in Bollendorf an der Sauer.

Dienstag, 22. März 2011

Heidelberg. Nierenzentrum.

Nachdem, wie wir dachten, alle Voruntersuchungen hinter Annette lagen, sind wir nun in dem von uns gewählten Zentrum, das ihre Transplantation vornehmen soll. Der erste Schock gilt mir, denn sie wollen meine Krankenversichertenkarte! Da ich privat versichert bin und normalerweise alles in Vorleistung zahlen muss, bin ich erst mal schockiert. Aber sie wollen die Karte nur, um meine persönlichen Daten aufzunehmen. Denn Kostenträger ist die Krankenkasse von Annette. Auch die Tatsache, dass ich hier als potenzieller Lebendspender angemeldet bin, trifft mich doch unerwartet. „Nein, nein. Wir sind zwar unter anderem auch hier, um uns über Lebendspende zu informieren, aber erst mal geht es um die Aufnahme auf die europäische Transplantationsliste."

Nachdem der erste Schreck überwunden ist, wird sie untersucht. Vor allem wird der Frage nachgegangen, ob in ihr Becken noch eine zusätzliche Niere passt, oder ob gleichzeitig eine der kranken Nieren entfernt werden muss. Eine Tatsache, die das Operationsrisiko und die Operationsdauer deutlich vergrößern würde. Aber sie hat Glück, soweit man hier noch von Glück sprechen kann. Es passte noch eine Niere in ihr Becken. Im Moment jedenfalls noch. Hoffentlich hält das bis zur Transplantation. Dann werden mir doch sieben Röhrchen Blut abgenommen. Hurra! Bei Annette waren es acht.

Danach noch eine Besprechung mit vier Ärzten, die auch die Transplantation durchführen. Es werden ein paar Details, u. a. wie die Operation vonstattenginge, geklärt und wir werden für heute entlassen. Für die Transplantationsliste ist alles ok. Gleichzeitig wird jetzt alles eingeleitet, um die Lebendspende vorzubereiten.

Natürlich war das noch nicht alles an Voruntersuchungen. Zwei weitere will das Nierenzentrum noch, und die Muttermale, die der Hautarzt beanstandet hat, müssen weg. Wieder schneiden, wieder ein Schnitt am Bauch, nahe der Katheter-Austrittsstelle. Aber da die Immunsuppressiva, die nach einer Transplantation eingesetzt werden müssen, auch das Abwehrverhalten gegen Krebszellen negativ beeinflussen, müssen alle möglichen Gefahrenquellen beseitigt werden.

Den Nachmittag nutzen wir noch, um die Heidelberger Innenstadt zu erkunden und ein wenig zu bummeln.

Lebendnierenspende im Allgemeinen oder im Speziellen um Geld

Warum ich spende, kann wohl aus dem bisher Geschriebenen herausgelesen werden, wird aber hier näher erklärt. Was spricht dafür, dass sich ein gesunder Mensch ein gesundes Organ entnehmen lässt, um es einem kranken Menschen zu geben? Beide haben fast die selbe Operation mit allen Unwägbarkeiten und Schmerzen zu erdulden und behalten beide eine etwa gleich große Narbe zurück.

In einem Interview der ZDF Sendung „Frontal 21" vom 19.5.2011 beschreibt Professor Jochen Hoyer, Müritz-Klinik, 17192 Klink, den finanziellen Gewinn der Krankenkasse. Dies begründet sich dadurch, dass eine Lebendspende bereits im Vorfeld der Dialysepflicht oder kurz nach Beginn der Dialyse durchgeführt werden kann. Eine Spende mit einer durch Eurotransplant vermittelten Niere eines Verstorbenen hat heute eine mittlere Wartezeit von 6–8 Jahren. Dazu kommt, dass lebend gespendete Nieren eine längere Funktionszeit haben wie die von Verstorbenen. Alles in allem spart der Versicherungsträger so bis zu 15 Jahren Dialysebehandlung. Dies führt zu einer langfristigen Kostenersparnis von nahezu 250.000 Euro.

Ebenso erklärte Thomas Gutmann, Prof. für Medizinethik in Münster in einer Presseveröffentlichung vom 05.03.2012:

Pro Nieren-Lebendspender etwa sparen sie – hochgerechnet auf die durchschnittliche Lebensdauer einer Spenderniere – rund 260.000 Euro im Vergleich zur Dialyse.

Auch im Allgemeinen hat die Lebendspende viele Vorteile:

- wie schon erwähnt, eine deutlich bessere Qualität des transplantierten Organs. Je länger eine Niere „auf Eis" liegt, desto kürzer ist die Zeit der Funktionsfähigkeit nach der Transplantation
- Kurze oder keine Wartezeit bis zum Ende der Dialyse
- Eine Entlastung der Warteliste
- Verringerung der Risiken der Dialyse
- Bessere Planung der Operation inklusive besserer Vorbereitung von Spender und Empfänger
- Verbesserte Sorge um das transplantierte Organ, da man den Spender kennt und auf dessen Organ besonders gut aufpassen will

Allerdings gibt es auch Risiken bzw. Nachteile der Lebendspende. Erst einmal für den Empfänger:

- bei ca. 10 % der Transplantationen kommt es zu Abstoßungsreaktionen, die medikamentös nicht zu unterdrücken sind und zu einer Entfernung der transplantierten Niere führen können. Diese Abstoßung kann zu psychischen Problemen führen durch das Gefühl, das Organ des Spenders/Partners nicht gut behandelt zu haben.

Die Risiken für den Spender sind überschaubar. Zu den üblichen Operationsrisiken kommen noch:

- durch die Spende wird ein gesunder Mensch zum Patienten. Mit dem Einverständnis zur Organspende hat sich der Spender zu regelmäßigen Untersuchungen beim Arzt verpflichtet.

- Bei 20 % der Spender kann es zu Bluthochdruck kommen
- bei 10 % der Spender bleibt die Eiweißausscheidung im Urin erhöht
- und natürlich hat man mit nur noch einer Niere eine höheres Risiko, selbst dialysepflichtig zu werden.

Wenn es also ganz schlecht läuft, hängt man am Ende zu zweit an der Dialyse. Naja, ist dann nicht so langweilig.

Inzwischen werden aber auch hier andere Stimmen laut:

Die Quote der spürbar gesundheitlich beeinträchtigten Spender ist hoch. Je nach Untersuchung liegt sie zwischen 8 und mehr % (Prof. Thiel, Schweiz im Report Mainz ARD, 2011) und 42 % (Dr. Wloch, Dissertation Charité Berlin, 2011). Chronische Erschöpfung, Konzentrations- und Gedächtnisprobleme (Fatigue-ähnliche-Symptome) in unterschiedlich starker Ausprägung, Blutveränderungen, die zu einem Risiko von Herz- und Kreislauferkrankungen bis hin zu einer Demenz führen können. Zudem Streitigkeiten mit Krankenversicherungen über die Kostenübernahme von Folgeoperationen (Narbenprobleme etc.)

siehe auch: www.nierenlebendspende.com

Häufigkeit der Nieren-Lebendspende im Vergleich zu postmortaler (Leichen) Spende und die Warteliste in Deutschland

Jahr	Postmortal	Lebend	Gesamt	Warteliste
2004	1989	489	2478	
2005	2189	522	2711	
2006	2253	523	2776	
2007	2341	567	2908	
2008	2188	565	2753	8003
2009	2172	600	2772	8014
2010	2272	662	2934	7869

Zum Vergleich: Organtransplantationen Deutschland gesamt:

2006	4647
2007	4886
2008	4679
2009	4709
2010	5088

Warteliste Stand jeweils zum 31.12.
alle Angaben: Eurotransplant

1.–3. April - Kurzurlaub in Bollendorf

Ein kleiner, touristisch gut aufgestellter Ort. Hier haben wir ein Zimmer in einem schönen Hotel, das in einer alten Burg untergebracht ist. Zu unserem Zimmer im dritten Stock fährt zum Glück ein Aufzug, auch wenn man die Geräusche, die er teilweise macht, nicht immer als vertrauenswürdig empfindet. Aber er läuft und läuft und läuft.

Erst mal viel Schlepperei. Nächstes Mal nur ein Hotel mit Pagen, die einem alles aufs Zimmer bringen. Koffer, drei Kartons Dialyseflüssigkeit, Tasche mit allem Zubehör und die Tasche mit der transportablen Wärmeplatte, die man auch im Auto an den Zigarettenzünder anschließen kann.

Nein, natürlich. Wie zu erwarten fehlt etwas. Zum Glück nichts Wichtiges, nur das Display, in welches die Flüssigkeitsverteilung eingeklemmt wird, fehlt. Die Aufgabe kann ich auch noch übernehmen. Nach einem kurzen Orientierungsspaziergang in den Ort macht Annette den ersten Wechsel mit mir als Display. Und siehe da, entgegen allen Befürchtungen klappt alles perfekt, auch die Menge ist mehr als befriedigend. So können wir uns ganz in Ruhe auf das Menü freuen.

Am nächsten Tag zeigt sich, wie gut es ihr körperlich wirklich geht. Morgens noch „begnügen" wir uns mit einer 6-km-Runde die Sauer entlang. Nach einer kurzen Mittagsrast im Zimmer mit Wechsel wagen wir uns auf eine schwierigere Tour. Die Teufelsschlucht am Ostrand des Ferschweiler Plateaus im Naturpark Südeifel. Hier geht es steil bergab und bergauf, teilweise durch wirklich enge Felseinschnitte. Überhaupt, diese Ecke Deutschlands, an der Grenze zu Luxemburg, ist jedem Naturliebhaber zu empfehlen. Imposante Felsen und energiegeladene Wasserläufe. Ideal zum Kraftsammeln. Auch die luxemburgische Seite hat einiges in dieser Richtung zu bieten und ist ebenfalls empfehlenswert. Aber hier und heute geht sie kraftvoll mit, auch wenn da hin und wieder kleine negative Äußerungen von ihr kommen. Eine Leistung, an die vor einem halben Jahr nicht zu denken gewesen wäre. Das Sechs-Gänge-Menü am Abend schafft sie, nach einer kurzen Pause, auch. Das Schlimmste daran ist am Ende wirklich die lange Zeit, die man zu Tisch sitzt und in der Annette die Beine anschwellen.

Am Abreisetag kommt es zur Premiere. Das „erste Mal" im Auto. Bisher immer in geschützten Räumen, machen wir heute etwas, von dem wir bisher nur gehört haben, dass man es machen kann. Sie wechselt ihre Dialyseflüssigkeit im Auto. Sonst hätten wir zu früh zurück gemusst, um den Wechsel innerhalb des zeitlichen Rahmens durchzuführen. Ich hab das Auto in eine ruhige Ecke des Parkplatzes gestellt, um die nötige Ruhe zu haben und nicht unbedarfte Passanten zu erschrecken. Es klappt sehr gut mit dem Auslauf, nur für den Einlauf fehlt die Höhe im Auto. Also Seitenscheibe runter, den Beutel auf das Autodach gelegt und schon läuft es.

So haben wir noch Zeit gewonnen, bevor wir zurück nach Hause müssen.

Montag

Montag ist schon seit Jahren Annettes Arbeitstag. Von 10 bis 18 Uhr arbeitet sie in einer kleinen Boutique und verkauft Damenoberbekleidung. Ein Zeitraum, der eigentlich nicht in ihren Dialysezyklus passt. Die Möglichkeit, hier eine Dialyse durchzuführen, scheitert an den räumlichen Voraussetzungen sowie der Tatsache, dass sie alleine im Laden ist. Aber auch hier gibt es eine Alternative. Ob sie die aber auf Dauer durchhalten kann, wird die Zeit zeigen.

Sie steht dann nachts um 4 Uhr auf, macht ihren Wechsel, versucht nochmal möglichst lange zu schlafen, was meist scheitert, um dann um 8 Uhr aufzustehen, sich fertig zu machen, den zweiten Wechsel durchzuführen und sich um 9:30 Uhr zur Arbeit aufzumachen. Eine halbe Stunden nach Feierabend, der meist etwas später ist, beginnt sie ihren dritten Wechsel an diesem Tag. Müde vom frühen Aufstehen, vom schlechten, weil gestörten, Schlaf, muss sie jetzt noch bis halb elf wach bleiben, um dann ihren letzten Wechsel für diesen Tag zu machen. Ein strapaziöse Prozedur, die ihr meist Dienstags noch nachhängt.

Dienstag, 12. April 2011

„Ruf doch mal in Heidelberg an, ob die nicht schon Ergebnisse haben." Das war der Satz, der uns zur nächsten Etappe führte.

Noch im Auto rief sie mich freudig erregt an: „Unsere immunologischen Werte sind so gut wie die von Geschwistern." – „Und die Blutgruppe?" – „Das wusste die Ärztin noch nicht, da wollte sie sich noch drum kümmern und nochmal anrufen."

Eine Stunde später, der viel deprimiertere Anruf: „Unsere Blutgruppen passen nicht und ich habe einen sehr hohen Antikörpertiter gegen andere Blutgruppen", sagte sie mit tränenerstickter Stimme. Was ich schon länger wusste, war Gewissheit geworden. Aber ich war informiert und auch ihr hatte man bereits die Alternative erklärt. Sie muss nur zwei Wochen vor der geplanten Operation in die Klinik und erfährt dort eine Behandlung (Plasmapherese[8]), durch die ihre Antikörper zerstört beziehungsweise ausgefiltert werden, um so zu verhindern, dass meine Niere schon aufgrund dieser Blutgruppenunverträglichkeit abgestoßen wird. Zur Sicherheit würde man eine Woche später einen zweiten Operationstermin ansetzen, um die Behandlung, wenn nötig, eine Woche länger durchführen zu können.

„Warum geht immer bei mir alles schief?"

Mittwoch, 13. April 2011

Jetzt geht's los. Wieder Termine über Termine. Nur jetzt für mich. Und dies, obwohl ich es über 15 Jahre hingekriegt habe, mehr oder weniger ohne Arzt, mit Ausnahme von Orthopäden und Zahnärzten, auszukommen.

---

8   **Plasmapherese (Plasmaseparation)**
     der Vorgang der Blutplasmatrennung, konkret die Gewinnung des Plasmas während der Spende manuell (veraltet) oder automatisch mit Plasmapheresegeräten (präparative Plasmapherese) oder den Austausch des Blutplasmas als therapeutische Maßnahme. Die therapeutische Plasmapherese ist eine Austauschbehandlung, bei der mittels eines Plasmapheresegerätes das patienteneigene Blutplasma abzentrifugiert und abgefiltert, gleichzeitig aber durch eine Substitutionslösung ersetzt wird, die Elektrolyte, Puffersubstanzen (in der Regel Hydrogencarbonat) und etwa 5 % Albumin oder Frischplasmakonzentrate enthält. Diese Rezeptur simuliert körpereigenes Plasma. Quelle: http://de.wikipedia.org

Wie war das noch? Ach ja.

Urologe. Oh nein, sicher geht das nicht ohne Prostatauntersuchung ab. Eine Untersuchung, auf die wohl jeder Mann liebend gerne verzichtet.

Kardiologe. Seit über 18 Monaten nicht mehr gejoggt, ein paar Kilo zugenommen ... ob da noch alles im grünen Bereich ist?

Augenarzt. Den nehme ich doch mit links mit.

Und dann wieder nach Heidelberg. Diesmal für mich. Auch nach Karlsruhe zur Ethikkommission müssen wir noch, um dort glaubhaft zu machen, dass wir diese Transplantation freiwillig und ohne finanziellen Hintergrund durchführen wollen.

Noch versuche ich alle Termine so zu legen, oder legen zu lassen, dass ich ohne Probleme meine Praxis weiterbetreiben kann und niemandem auffällt, dass ich diverse Arzttermine habe. Da ist es auch praktisch, dass ich zu Ärzten gehe, die weit genug weg sind, dass mir keine eigenen Patienten dort über die Füße laufen. Die erfahren das noch früh genug. Überhaupt, mit wem soll ich jetzt in dieser frühen Phase schon über das Thema reden? Eltern? Sohn? Mitarbeiter? Freunde?

Und wovor hab ich Angst? Wohl weniger davor eine Niere herzugeben oder vor der Operation. Sicher alles keine leichten Themen, sich gesund operieren und ein Organ entfernen zu lassen. Aber das geht. Das ist mir unser freieres Leben nach der Transplantation und besonders sie wert. Angst hab ich eher davor, was ist, wenn sie was finden? Was ist, wenn auch ich krank bin? Was, wenn ich etwas habe, das ich nicht wissen will? Was ist, wenn sie nur etwas finden, dass eine Operation verhindern würde?

So lange hab ich mich vor Ärzten drücken können, und jetzt? Ausgeliefert? Aber was soll mir schon fehlen?

Und dann all die unsinnigen Fragen. Soll ich meinen Geburtstag im September feiern? Kann ich da was planen? Was ist mit dem Praxisjubiläum? Eigentlich Peanuts, aber solche Gedanken kommen.

Donnerstag, 14. April 2011

Wieder früh wach geworden und viel gedacht Und dann kam mir der Gedanke. Ich schreib einen Blog über unsere Transplantation! Unsinn! Bevor nicht alles sicher ist und wir einen Operationstermin haben, wäre das überzogen, die Welt des Internets hineinzuziehen. Dann doch eher ein Buch schreiben, auch wenn es keiner je lesen wird. Oder vielleicht doch? Einer meiner Patienten hat auch versucht seine Krankheit in einem Buch zu verarbeiten und es dann über BoD[9] vertrieben

Freitag, 15. April 2011

Fäden ziehen. Der Hautarzt meint: „Gut, dass wir die Muttermale weggemacht haben. Das war schon eine Vorstufe von Krebs!" Was bitte ist eine „Vorstufe von Krebs?" So was wie eine „Vorstufe von schwanger?"

---

9 **BoD**

Book-on-Demand oder zu deutsch: Buch auf Bestellung, bzw. Print-on-Demand ist ein seit Mitte der 1990er Jahre angewandtes Publikationsverfahren für Kleinstauflagen von Büchern. http://www.bod.de

Dienstag, 18. April 2011

Endlich geschafft. Ich hab meine Krankenversicherungen angeschrieben und ihnen die Lebendspende mitgeteilt. Mal sehen, was die so dazu meinen. Bei aller Euphorie, die eine mögliche Spende verbreitet, dürfen wir die finanzielle Sicherheit nicht außer Acht lassen. Um die Vorteile der Spende wirklich genießen zu können, wie zum Beispiel eine Fernreise, benötigen wir auch etwas finanzielle Absicherung beziehungsweise das nötige Kleingeld.

Samstag, 23. April 2011

Nachdem Annette in den letzten Nächten immer wieder wach wurde und nicht wieder einschlief, ist sie mal wieder ziemlich am Ende. Und auch Übelkeit verspürt sie immer wieder. Sie fühlt sich manchmal so, wie vor der Dialyse. Vor allem wegen der Übelkeit. Also, der sichere Weg: Wir fahren zum Dialysezentrum.

Zum Glück läuft uns direkt auf dem Flur der diensthabende Arzt vor die Füße. Er nimmt uns direkt mit und sich ihr an. Er macht Ultraschall, alles ok. Dann kommt er zu dem Thema, das mir schon seit einigen Tagen im Kopf rumschwirrt. „Könnte es sein, das Sie Angst vor der Transplantation haben, oder Angst davor, dass die Transplantation nicht funktionieren wird?" Das sind die Fragen, die Annette nur mit großen Augen quittiert, letztlich aber doch für möglich hält. Hätte sie mir das geglaubt? Egal, seitdem geht es ihr wieder deutlich besser!

Montag, 25. April 2011 Ostermontag

„Endlich" ist es soweit. Meine Untersuchungen beginnen.

Als hätte ich Ostermontag 8 Uhr nichts Besseres zu tun, als aufzustehen. Aber es nützt nix. Um in Ruhe 24 Stunden Blutdruckmessung durchzuführen, habe ich mich entschlossen, diesen Feiertag zu nutzen. Ich denke, es ist besser, diese Messung in relativer Ruhe zu machen. Ich weiß nicht, wie angespannt ich während der Arbeit bin, wie mein Blutdruck damit umgeht. Also viele Unbekannte, die in der Feiertagsruhe eher auszuschließen sind.

Nach einer unruhigen Nacht ist es um 9 Uhr soweit, ich bekomme dieses Ding um den Arm. Was für viele eine Hoffnung auf Heilung oder zumindest Diagnose darstellt, ist für mich purer Stress, der auch den ganzen Tag und den größten Teil der Nacht nicht nachlässt. Jede Messung, das heißt alle viertel Stunde tagsüber sowie halbstündlich ab 22 Uhr, bringt die bange Frage: War das jetzt in Ordnung? Reichen diese Werte, um Spender sein zu können? Oder falle ich schon bei der ersten Prüfung durch? Manchmal denke ich, ohne diese Gedanken wäre der Blutdruck sicher niedriger, und dann dieser Stress, dieses Warten. Ist wieder eine viertel Stunde um? Leider kann ich die Werte sehen. Immer ist der zweite Wert grenzwertig hoch. Abgesehen von meinem Puls, der sich wie immer um die 80 bewegt. Aber das war immer schon so. Werde ich das erklären müssen? Spätestens am Abend kommen die Gedanken. Hätte ich besser noch mehr Ruhe gehalten? Hätte ich vielleicht besser einen Blutdrucksenker nehmen sollen? Was soll die Nacht werden? Ewig dieses Aufpumpen, von dem mir langsam der Arm weh tut.

Ok. Man schläft nicht so gut mit einem Blutdruckmesser mit dem Schlauch und dem Tragegurt dran, aber ich schlafe, nach der unruhigen vorherigen Nacht, doch recht flott ein und schlafe recht lang. Um 3 oder 4 Uhr werde ich durch ein Geräusch erschreckt wach. Hat das Gerät jetzt nur kurz gepumpt und dann abgebrochen? Muss ich diese Prozedur jetzt wiederholen? Ich bin sofort hellwach, nutze die Zeit, um zur Toilette zu gehen. Die nächsten drei Messzyklen kriege ich wach mit, schlafe dann wohl doch ein und Annette weckt mich Dienstag um 8 Uhr, sodass ich pünktlich zum Abnahmetermin komme.

Dienstag, 26. April 2011

Nur so nebenbei: Mein Krankenversicherung hat sich noch nicht gemeldet.

Um 9 Uhr, ich bin natürlich überpünktlich, also viertel vor 9, bin ich in der nephrologischen Abteilung, und erlebe das, was mich die nächsten Untersuchungen weiter verfolgen wird. Man weiß mich nicht einzusortieren. Ich werde untersucht, trotzdem sind meine Überweisungen auf Annette ausgestellt. Muss für mich eine eigene Karteikarte angelegt werden? Und kann das wirklich über sie abgerechnet werden? Und wieso habe ich keine eigene Versicherungskarte? Ok, ich habe eine Karte meiner privaten Krankenversicherung, aber die hat mit dieser Sache nichts zu tun und erst recht nicht zu zahlen. Nach kurzer Zeit und ich denke einigen Telefonaten, ist hier das Problem gelöst und ich werde von diesem Quengelgerät erlöst.

Jetzt kommen noch ein paar Stunden „entspanntes" Arbeiten, eine wieder unruhige Nacht und dann kommt die wohl ungeliebteste Untersuchung.

Mittwoch 27. April 2011

Urologe! Die wohl unangenehmste Untersuchung für Männer! Ok, es gibt sicher einige, die eventuell Spaß dabei haben, wenn ihre Prostata untersucht wird, aber, ich denke, das Gros der Männer verzichtet gerne drauf.

Ultraschall der Blase, der Nieren. Hoden und Penis abgetastet und begutachtet, alles in Ordnung. Fehlt nur noch eine Urinprobe und eine Blutabnahme für den unvermeidlichen PSA-Test[10].

Aber auch wieder das erwartete Problem. „Die Überweisung ist nicht für Sie", meint die Arzthelferin. Nach einer kurzen Erklärung meinerseits nur die Aussage: „Dann nehmen sie noch einen Moment Platz im Wartezimmer. Ich erkundige mich. Als der Arzt dann später erfährt, dass ich eigentlich privat versichert bin, möchte er schon gerne alles als Vorsorgeuntersuchung über meine PKV abrechnen. Aber ich bleibe hart. Die Krankenkasse von Annette ist zuständig.

Jetzt ist ein Tag Pause, dann kommt der Augenarzt. Mal sehen, was da passiert.

Parallel dazu hat Annette ihre Krankenkasse kontaktiert und Fragen gestellt:

* zahlt die Krankenkasse meine/unsere finanziellen Ausfälle durch die Operation und die Rekonvaleszenz?

---

10 Das prostataspezifische Antigen (abgekürzt: PSA) ist ein Enzym, das zur Früherkennung von Prostatakrebs untersucht wird Allerdings gilt dieser Test gilt nach wie vor als umstritten: Ob Männer länger und vor allem besser leben, wenn sie diese Untersuchung regelmäßig durchführen lassen, steht noch nicht fest.

- zahlt die Krankenkasse die Ausfallzeiten für die Untersuchungen?

- zahlt die Krankenkasse die Fahrtkosten nach Heidelberg und auch nach Karlsruhe?

- ….....

Fragen über Fragen, die auch die zuständigen Krankenkassenmitarbeiter verständlicherweise überlasten, aber sie reagieren gut und bitten um Zeit, um sich selbst schlau zu machen.

Auch unser Urlaub rückt näher. Von der PKD-Cure haben wir Formulare in Deutsch und Englisch erhalten, in denen das Mitführen der Dialysematerialien erklärt wird. Ich habe der Condor eine Kopie per Mail zukommen lassen, in der Hoffnung, ihr Verhalten, das die Desinfektionsmittel betrifft, die wir mitnehmen müssen, zu ändern, sodass wir doch alles ohne Stress mitnehmen können. Mal sehen was passiert!

Freitag, 29. April 2011

Augenarzt!

Wie erwartet: „Die Überweisung ist nicht für Sie", und: „... da muss ich erst mal nachfragen".

Aber sonst ist alles in Ordnung, oder wie man hier sagt: „Ohne Befund!" Schön. Hier krieg ich wenigstens direkt eine Auskunft. Der relevante Augeninnendruck ist zwar an der Grenze, aber in Ordnung. „Den müssen sie regelmäßig jedes halbe Jahr kontrollieren lassen." Sicher doch!

Dienstag, 3. Mai 2011

Herzangst?

Nein, keine Angst, aber ein mulmiges Gefühl ist es schon. Man hat keinerlei Krankheitsgefühl, trotzdem ist da immer die Angst, dass sie vielleicht doch was finden. Seit so vielen Jahren nicht mehr untersucht und jetzt das volle Programm! Aber die heutige Untersuchung geht schon viel entspannter als die in der letzten Woche.

Heute mit dem letzten Heimspiel. Kardiologie.

Ich kann den Satz nicht mehr hören: „... die Überweisung ist nicht für Sie, das können wir so nicht abrechnen" und nach kurzer Diskussion dann: „... da muss ich mal nachfragen!" Alle würden meine Untersuchung gerne über meine Krankenkasse abrechnen. Aber dann geht es doch wieder problemlos.

Herzecho, EKG und noch ein Belastungs-EKG. Belastung! Bei meinem Trainingszustand habe ich doch Bedenken bei Belastung. Aber alle Bedenken sind unnötig. Die Ärztin befindet mich für gesund. Selbst mein hoher Ruhepuls, den ich schon seit meiner Jugend kenne, sei nicht mehr so interessant, sondern das Interesse gelte heute eher dem Wiedererlangen des Ruhepulses nach Belastung.

Jetzt nur noch warten auf die Befunde und dann auf nach Heidelberg. Noch vier Wochen. Der 3. Juni ist der N-Day, der Tag, an dem meine Nieren beurteilt werden, ob sie spendenbereit sind.

Große Krankenkasse. Sie werben damit „Filialen vor Ort" zu haben. Aber wehe man ruft an. Nicht nur, dass es nahezu unmöglich ist, den Sachbearbeiter zu erreichen, mit dem man gestern noch telefoniert hat, nein, man weiß nicht ein-

mal mehr, in welcher Filiale man landet. Und es ist scheinbar unmöglich, etwas schriftlich zu bekommen. Naja, zumindest haben wir eine telefonische Zusage, dass die Fahrtkosten und der Verdienstausfall für mich gezahlt werden.
Was sie brauchen, um den Verdienstausfall zu berechnen, ist
nicht ganz eindeutig zu klären. Ich brauchte eine Bescheini-
gung des Steuerberaters über meine Bruttoeinkünfte abzüg-
lich der Sozialabgaben. Wie definiert man Sozialabgaben
bei Selbständigen? OK, wir werden mal meine Krankenver-
sicherungsbeiträge abziehen.

Aber vielleicht haben wir ja jetzt mal vier Wochen Ruhe?!

Dann schnell nochmal Heidelberg und dann geht es für eine
Woche nach Teneriffa. Hoffnung auf etwas Erholung. Zumal
wir auch einen passenden Badeanzug, nein, eigentlich einen
Tankini gefunden haben. Atlantik, wir kommen! Werd mal
schnell warm!

Mittwoch, 4. Mai 2011

Komisch, man muss hinter allem und jedem her sein. Erst
durch Annettes telefonische Anfrage in der Transplantationsklinik wird geprüft, ob ihre Unterlagen jetzt vollständig
sind und genügen. Nach kurzer Zeit kommt dann wieder te-
lefonisch die Info: Alles ok. Sie sind jetzt aktiv als Empfänger geschaltet. Mal sehen, wie lange es jetzt dauert, bis das
Eurotransplant-Zentrum in Leiden, Niederlande, sich meldet.

Muss man sich denn wirklich um alles selbst kümmern? Das
kostet so viel Kraft und ist so zermürbend!

Trotzdem! Es geht weiter!

Dienstag, 10. Mai 2011

Gestern hab ich alle meine Befunde nach Heidelberg gemailt. Vorher wieder mal die selbe Prozedur. Fast jedem Befund mussten wir nachlaufen, um ihn jetzt persönlich zu schicken. Die gefaxten Befunde landen scheinbar immer dort, wo sie nicht zugeordnet werden können, und die zuständige Ärztin kommt nicht ran. So ist es ihr lieber, dass ich ihr alles gesammelt per E-Mail zukommen lasse. Ganz vergessen hatte ich, ihr noch etwas zu den Unregelmäßigkeiten in meinem Langzeitblutdruckergebnis zu schreiben. Also noch ein schneller Anruf, um zu klären, dass der seltsame Wert am Nachmittag vom eingeklemmten Schlauch während der Autofahrt kam. Schön ist es, hier fast immer direkt die zuständige Person zu erreichen.

Trotz dieses positiven Vorgangs, aber wohl wegen ihrer Arbeit, hat sie eine schlechte Nacht. Druck in den Schultern, einen gespannten Bauch und kurz nach dem Einschlafen schreckt sie hoch. Ganz irritiert werde ich auch wach. „Ich habe so Sodbrennen!", lautet ihre Erklärung. Sie trinkt Wasser, stößt zwei- bis dreimal kräftig auf und legt sich wieder hin. Das wiederholt sich dann noch drei bis vier Mal. So wird es mal wieder eine kurze Nacht, da um halb sieben wieder der Wecker rappelt. Nach dem Wechsel kommt sie zwar wieder ins Bett, aber irgendwie ist alle paar Minuten etwas Anderes, was uns aus dem Schlaf reißt.

Als wir dann aufstehen wollen, bricht es wieder mal weinend aus ihr heraus. „Immer hab ich irgendwas. Es tut hier weh, da drückt es und dort zieht etwas. Ich weiß nicht, was ich noch tun soll ..."

Zum Glück ist sie für nachmittags wieder mit ihrer Freundin zum Walken verabredet, das lenkt ab.

Donnerstag, 19. Mai 2011

Endlich meldet sich meine Krankenkasse. Und das noch in Form einer netten Mitarbeiterin der Leistungsabteilung. Auch sie meint erst, meine Fragen gingen um die Kosten der Transplantation. Schnell hab ich ihr erklärt, dass die Kostenübernahme durch Annettes Krankenkasse klar ist und für mich außer Frage steht. Es geht mir nur darum, was ist, wenn ich später einmal krank werden sollte und die Streiterei geht los, ob diese Erkrankung mit der Nierenspende zusammenhängt oder unabhängig davon ist. Antwort: „Da reicht es, eine Bestätigung der Unfallkasse zu bringen, dass sie nicht zuständig seien und meine private Krankenkasse müsse leisten." Ich nehme es mal so und hoffe …

Heute zwickt der Katheter mal wieder. Schmerzen bis in die linke Schulter und der Auslauf funktioniert nur in Seitenlage.

Freitag, 27. Mai 2011

Meine Praxis-Ausfallversicherung wird da schon konkreter in ihren Aussagen:

Sehr geehrter Herr ......,

den Versicherungsnehmer haben wir tel. nicht erreicht. Bei einer Nierenspende würde der Vertrag unverändert weiterlaufen. Sollte es zu Komplikationen bei der Nierenoperation kommen, so stellt dies keinen Leistungsfall für die Praxis-Ausfallversicherung dar, da es sich weder um eine Krankheit noch um einen Unfall handelt. Bitte informieren Sie den Versicherungsnehmer.

Mit freundlichen Grüßen

AXA VERSICHERUNG AG

Wissen wir das auch schon mal wieder.

Jetzt bleibt nur noch abzuwarten, ob Annettes Krankenkasse, die DAK, wie versprochen, meine Fahrten nach Heidelberg übernimmt und auch für den Ausfall der Fehltage in der Praxis zahlt.

Dienstag, 31. Mai 2011

Deutsches Ärzteblatt

Organspende: Mehrheit der Deutschen für Entscheidungslösung

Hamburg – Fast zwei Drittel der Menschen in Deutschland sind nach einer Umfrage für Änderungen des Transplantationsgesetzes. Das geht aus einer am Dienstag in Hamburg veröffentlichten Forsa-Umfrage im Auftrag der Techniker Krankenkasse (TK) hervor.

Darin sprachen sich 41 Prozent dafür aus, die von SPD-Fraktionschef Frank-Walter Steinmeier vorgeschlagene Entscheidungslösung einzuführen. Sie sieht vor, jeden Bürger zu seiner Bereitschaft für oder gegen die Organspende zu befragen und diese Meinung auf dem Personalausweis, Führerschein oder der Krankenversicherungskarte zu dokumentieren.

23 Prozent der Befragten sind dafür, die Widerspruchslösung einzuführen. Das bedeutet, dass jeder Organspender ist, der sich zu Lebzeiten nicht ausdrücklich dagegen ausgesprochen hat. Für die derzeit geltende Zustimmungslösung, nach der nur derjenige Organspender ist, der dies in einem Organspendeausweis festgehalten hat, sprach sich jeder Dritte aus.

.. © dapd/aerzteblatt.de

Freitag, 3. Juni 2011

Der heutige Tag begann bereits gestern Vormittag. Seitdem sammle ich Urin, um meine Ausscheidung kontrollieren zu können. Heute soll das Ergebnis ausgewertet werden. Komme auf fast 2,5 Liter. Aber jetzt kommt der härtere Teil der Übung. Um pünktlich um 7:30 Uhr in Heidelberg im Nierenzentrum zu sein, müssen wir um 5 Uhr aufstehen, uns langsam fertig machen und ohne Frühstück losfahren. Nüchtern zur Untersuchung zu erscheinen ist gewünscht. Zu dieser Zeit ahne ich noch nicht, dass es nach Mittag werden wird, bis ich etwas zu beißen bekomme.

Die Straßen sind frei und wir kommen ohne größere Verzögerung oder Staus durch. Lediglich Annettes Nerven liegen mal wieder blank, was darin mündet, dass ihr so schlecht wird, dass sie sich kurz vor Ludwigshafen übergeben muss. Zum Glück liegen wir bis jetzt gut in der Zeit. Da auch sie noch nüchtern ist, kann natürlich wieder mal nur Schaum kommen. Nachdem aber relativ schnell alles raus ist, können wir ohne weitere Verzögerung weiterfahren und kommen noch pünktlich auf die Minute an.

Im Nierenzentrum geht es zügig los. Ich kann meinen Sammelurin abgeben und kriege direkt meine Überweisung zum Diabetes-Belastungstest und die Information, mich dann noch in der Radiologie zu melden, um meine Lunge röntgen zu lassen.

Die Themen des heutigen Tages sind schnell geklärt: Warten und Kanülen in den Arm gesteckt bekommen. Zum ersten Mal in die Innere Abteilung, Blut abnehmen und dann gibt es eine rote Zuckerlösung zu trinken, die leicht an Traubensaft erinnert und den Hinweis, mich in einer Stunde wieder einzufinden. Bis dahin soll ich Ruhe halten, nichts essen oder trinken. Ja schön. Trotzdem nutze ich die Zeit, zwei

Stockwerke tiefer zur Radiologie zu gehen und meine Lunge röntgen zu lassen.

Pünktlich nach einer Stunde bin ich wieder da, um zum zweiten Mal gestochen zu werden. Jetzt noch einmal nach einer weiteren Stunde und ich hab schon zwei Tagesordnungspunkte abgehakt.

Fünf Stunden und fünf Einstiche später hab ich mein Tagespensum erreicht. Der Einfachheit halber sei es hier zusammengefasst:

- Blutabnahmen mit insgesamt sieben Röhrchen
- Ultraschall Nieren und Bauchorgane
- Urintest
- Test der Gerinnungszeit
- Nierenszintigramm
- Nochmal EKG – man will selbst ein gedrucktes und nicht nur einen Befund
- ärztliche Untersuchung, Blutdruckmessen, abhören und viele Fragen
- Abstriche von: Nase, Mund, Achseln, Leiste, Gesäßfalte

Nach sieben Stunden, ewig langen Laufwegen und unerträglich viel Zeit in den verschiedensten Wartebereichen ist es geschafft. Denkste! Anscheinend muss noch eine Ultraschalluntersuchung meiner Beingefäße gemacht werden, aber das hat noch Zeit und soll ein anderes Mal gemacht werden. Heidelberg liegt ja auch grad so um die Ecke. Aber vielleicht können wir das ja mit unserem Termin in Karlsruhe verbinden.

Zwischenbilanz: Ich dachte nie, dass es so anstrengend sein kann, zu beweisen, dass ich gesund bin. Aber sicher ist sicher. Durch die Nierenentnahme wird mein Körper ja in gewisser Weise geschädigt, und da sollte ich schon fit sein, um dies zu kompensieren.

Aber, geht es mir durch den Kopf, wie krank muss man im Normalfall sein, um so untersucht zu werden?

Ach ja, auch die letzten Laborbefunde sind soweit alle bestens und wir sind dem Operationstisch wieder einen oder zwei Schritte nähergekommen.

In zirka zehn Tagen sollen alle Ergebnisse da sein. Passend also zum Urlaubsende.

Entspannt, aber fertig machen wir uns ohne Umweg auf den Heimweg.

Samstag, 4. Juni 2011
Meldung vom Bundesverband Niere e. V. via Facebook

> *Aus medizinischer Sicht ist es rekordverdächtig: Die Herforderin C. S. ist die einzige Frau in der Region Ostwestfalen-Lippe, die nach drei Jahrzehnten noch mit der ersten Spenderniere lebt.*

Das sind doch Meldungen, die einen noch positiver auf die Transplantation schauen lassen.

Am Morgen kam auch endlich die erlösende E-Mail unseres Hotels, dass die Materialien angekommen seien. Diesbezüglich kann der Urlaub kommen …

Urlaub

Sonntag, 5. Juni 2011

Koffer packen! Morgen geht es los. Ich hab die Vorgaben der Condor umgesetzt, wenn vielleicht auch etwas virtuos. Aber wir werden sehen.

Gestern habe wir noch abgeklärt, dass Annette im der Flughafenklinik Frankfurt einen Dialysewechsel vornehmen kann. Wir müssen um 3 Uhr losfahren, was ihren Rhythmus komplett durcheinander würfeln würde. So können wir jetzt ohne Stress kurz vor Abfahrt aufstehen und müssen nicht warten, ob der Bauch die Flüssigkeit wie gewünscht wieder hergibt.

Das Dialysezubehör hab ich quer verteilt. Teils Handgepäck, teils in den Koffer. Zusätzlich noch einen Beutel mit Dialysat im Handgepäck und einen in der mobilen Wärmeplattentasche. Bin ja wirklich mal gespannt, wie die an der Kontrolle auf unser Handgepäck reagieren.

Die Spannung steigt. 3 Uhr geht es los. Spätestens.

Montag, 6. Juni 2011

Nachdem wir erst gar nicht ins Bett gegangen sind und nur auf der Couch geruht haben, kommen wir überpünktlich um halb drei weg.

Wir kommen ohne Probleme durch und erreichen pünktlich den Flughafen. Nachdem das Einchecken schnell und problemlos über die Bühne geht, machen wir uns auf den Weg zur Flughafenklinik. Also, die möchte ich nicht suchen müssen, wenn ich krank wäre, aber egal. Auch hier geht alles

ohne Probleme vonstatten und Annette kann ihren morgendlichen Wechsel vornehmen.

Nachdem ich noch schnell einen Beutel mit Verschluss ge-
kauft habe, um die beiden Flaschen mit Desinfektionsmitteln ordnungsgemäß zu verpacken, erwartet uns an der
Handgepäckkontrolle die Überraschung. Unsere Flaschen
mit Desinfektionsmitteln überprüft niemand und selbst für
den Beutel mit Dialysat, der immerhin zwei Liter Flüssigkeit enthält, interessiert sich hier niemand. Wofür bitte
macht man dann so einen Stress bezüglich Flüssigkeiten und
Handgepäck? Abgesehen davon interessiert sich auch niemand für die Wärmeplatte. Ich denke, da ist so viel Elektro-
nik drinnen, das sollte in Verbindung mit einem Zweili-
ter-Beutel voller Flüssigkeit eigentlich sehr verdächtig sein.
Da hab ich so gute Vordrucke, auf denen in Deutsch und in
Englisch erklärt wird, was wir im Gepäck haben, aber niemand interessiert sich dafür. Wenn für uns auch bequem, ist
es eigentlich schon bedenklich, dass wir so einfach durch
die Kontrollen kommen.

Sechs problemlose Stunden später sitzen wir schon in unserem Hotelzimmer und sie macht ihre erste Dialyse in Teneriffa. Für den Flug hatte sie sich nur einen Liter Flüssigkeit
in den Bauch gefüllt, da sie ja noch keine Erfahrung damit
hat, wie diese Flüssigkeit im Bauch auf Fliegen reagiert.

Jetzt ist abschalten angesagt.

Und, ach wie schön, hier bringt uns ein Hotelangestellter die
Kartons ins Zimmer. So lass ich mir das gefallen. Für die
Dialyse hat sie sich einen schönen Platz am Fenster mit viel
Aussicht ausgesucht. Dies ist auch deswegen der beste Ort,
weil die Gardinenstange für die Aufhängung der Beutel
missbraucht werden kann. Auch sonst ist das Hotel wirklich

um unser Wohlergehen besorgt und fragt öfters nach, ob wir noch etwas extra brauchen und ob alles funktioniert. Überhaupt war dieses Hotel eine gute Wahl.

Mittwoch, 8. Juni 2001

Heute ist es soweit. Nachdem wir Montag und Dienstag eher nur die Gegend erkundet haben und nur mit den Füßen im Meer waren, will sie es heute riskieren. Ordentlich zugeklebt stürzt sie sich in die Fluten. Okay, bei ihr bedeutet das, sich in hüfthohem Wasser bäuchlings über eine Luftmatratze zu legen und zu planschen. Aber egal, es macht Spaß und tut gut. Mittags duschen, Verband ab, Wechsel und noch zwei Stunden der Sonne fernbleiben. Dann wieder verkleben und nochmal ins Wasser und an den Strand. Zwei Stunden später das Drama. Die Pflaster lassen sich nur schmerzhaft entfernen und darunter ist alles rot. Zuerst haben wir gedacht es sei ein normale, bekannte Reaktion auf den Pflasterkleber. Weit gefehlt. Was wir nicht bedacht haben und was auch so nirgends erwähnt wird, hat sie sich unter dem Pflaster, zu der allgemeine Pflasterreizung, scheinbar auch noch einen Sonnenbrand zugezogen. Gut gerüstet haben wir alles an Salben dabei und starten direkt die Behandlung. Morgen ist eh nichts mit Schwimmen und Strand, da machen wir einen Ausflug.

Donnerstag, 9. Juni 2011

Das ist Urlaub. Länger geschlafen, ausgiebig gefrühstückt und dann in aller Ruhe auf zum Ausflug. Natürlich sind auch hier die Wechsel des Dialyseflüssigkeit nötig, aber man versucht es so ein bisschen aus den Urlaubserinnerungen zu verdrängen. Es geht mit einem Katamaran raus auf den Atlantik. „Whale Watching" ist angesagt. Hier, vor der Südküste Teneriffas, lebt eine Gruppe mit ca. 500 Grindwalen, die wir uns ansehen wollen, und bereits wenige Minuten nach dem Verlassen des Hafens stoßen wir auf eine kleine Gruppe. Und zu Annettes ganz besonderer Überraschung treffen wir etwas später sogar noch auf eine kleine Gruppe Delfine, welche es ihr schon immer besonders angetan haben. So wurde das also ein perfekter Ausflug.

Um der Seekrankheit vorzubeugen, hat sie heute Mittag noch mal nur einen Liter in ihren Bauch gefüllt, damit es nicht so schwappt, wie sie sagt. Ob es daran liegt oder ob auch sonst nichts passiert, wäre mal egal, jedenfalls wird ihr nicht schlecht und sie verträgt die Bootsfahrt blendend. Wozu wohl auch die ruhige See das ihre dazu beiträgt. Trotzdem, an Bord haben einige mit Übelkeit zu kämpfen.

Freitag, 10. Juni 2011

Schwimmen gehen fällt aus. Die Reizungen der Haut am Bauch haben zugenommen. Sie sind inzwischen so schlimm, dass die Haut am Bauch auch da weh tut, wo sie nicht gereizt oder entzündet ist. So sitzt sie nur am Strand, mit einem dicken Tuch um den Bauch, das weitere Sonnenbelastung verhindert, oder geht, wenn überhaupt, bis maximal zu den Knien ins Wasser. Ich habe in der Zeit mal die Wellenbrecher mit dem Schnorchel abgetaucht und hier einiges an Leben gefunden. Aber hauptsächlich ist der Tag mit Schmerzen und Ruhe ausgefüllt. Das sind die Tage, an denen man die Bauchfelldialyse hasst, weil sie einem die Eingeschränktheit zeigt, mit der man lebt und die Grenzen aufzeigt, wie weit man vom „normalen" Leben entfernt ist.

Samstag, 11. Juni 2011

Heute findet wie geplant unser Ausflug zum Loro-Parque statt. Wir müssen, wie immer, etwas früher aufstehen, da noch ein Dialysewechsel vor der Abfahrt sein muss. Sprich, unsere Rezeption weckt uns pünktlich um 6:15 Uhr. Und das im Urlaub. Grauenhaft. Aber alle, die je im Loro-Parque waren, werden wissen, dass sich das frühe Aufstehen lohnt.

Obwohl unser Reiseleiter mit der Verwaltung des Parks telefoniert hat, weiß natürlich niemand Bescheid. Egal, trotzdem erwischen wir glücklicherweise direkt an der Info eine deutsch sprechende Mitarbeiterin, die uns an eine ebenfalls deutsch sprechende Mitarbeiterin der Public-Relations-Abteilung verweist. Diese führt uns auch ohne große Fragen oder Erklärungen hinter die Kulissen des Parks, lässt uns die Dialysematerialien verstauen und vereinbart einen Treffpunkt, wo sie uns später einsammelt und zu unserem Material führt, wo wir ungestört die Dialyse durchzuführen können.

Alles andere funktioniert an diesem Tag auch so gut, dass wir annähernd alle Attraktionen des Loro-Parques relativ stressfrei genießen können.

Zurück im Hotel gelingt, wie immer in diesen Tagen, der Wechsel ohne größere Probleme, sodass wir pünktlich zum Abendessen fertig sind.

Duschen mit Frischhaltefolie. Nah bei unserem Hotel ist ein Supermarkt, in dem man Dinge des alltäglichen Bedarfs kaufen kann. Ich denke, hier kaufen die ein, die hier in Appartements wohnen und sich selbst versorgen. Jedenfalls ist es eine große Kette, die auch in Deutschland recht bekannt ist. Mit der Folie jedenfalls wickle ich ihren Bauch inklusive Schlauch fest ein, sodass wenn, nur wenig Wasser an Annettes Schlauch bzw. die Katheter-Austrittsstelle gelangt. Das funktioniert erstaunlich gut. Alles bleibt trocken. Superidee!

Anschließend creme ich alle wunden Bereiche mit Calendulasalbe ein und decke diese Stellen auch nochmal mit Frischhaltefolie ab. Erst mal nur, um Kleidung zu schonen, aber am nächsten Morgen zeigt sich, dass die Folie einen entscheidenden Einfluss auf die Heilung genommen hat. So sehr, dass sie Sonntag noch mal mit ins Meer kann.

Sonntag, 12. Juni 2011

Den letzten Tag wollen wir nochmal dem Strand und dem Meer widmen. Nachdem wir morgens das Wasser komplett meiden, bauen wir unser Experiment mit Frischhaltefolie weiter aus. Ich creme die entzündeten Bereiche dick ein und lege Folie drüber. Mit der wasserdichten Folie gehe ich nur so weit über nicht entzündete Hautpartien, dass ich nicht noch mehr Haut reizen muss. Entgegen unserer Taktik vom Mittwoch gehen wir heute Nachmittag direkt ins Wasser. Als wir es nach gut 20 Minuten wieder verlassen, mache ich den Verband direkt ab, creme die beklebten Hautstellen wieder dick ein und sie deckt Ihren Bauch für den Rest des Strandaufenthalts mit dem Handtuch ab. Siehe da, es funktioniert und führt nicht zu weiteren Reizungen der Haut. Wieder was gelernt. Versuch macht klug.

Zurück im Hotel, wird nochmal in Folie geduscht und dann das letzte Buffet des Urlaubs eingeläutet. Bei ihr steigt aber schon die Anspannung auf Morgen. Ich weiß nur noch nicht, ob auf den Flug oder eher das, was sie zu Hause wieder so erwartet. Wir werden sehen.

Montag, 13. Juni 2011

Ebenso unspektakulär wie auf dem Hinflug sind auch heute die Kontrollen. Niemand will sehen, was wir für Flüssigkeiten mit uns im Handgepäck führen. Schon erstaunlich.

Nur für einen Wechsel kann man uns in Teneriffa keinen Raum zur Verfügung stellen. Es ist nur ein Arzt in der Erste-Hilfe-Station, und der könne uns natürlich nicht alleine hier lassen, wenn er zu einem Notfall gerufen würde. Er würde uns zwar in eine nahe Klinik fahren, aber das lässt unsere Zeit nicht zu. So wird es heute wohl nötig sein, mit nur drei Wechseln auszukommen. Zum Glück hat sie heute Morgen vorsorglich direkt etwas weniger Flüssigkeit einlaufen lassen.

Trotzdem bekommt Annette der Rückflug nicht so gut. Sie leidet unter Schwindel, kann die Augen nicht zumachen, ja nicht einmal richtig zurücklehnen kann sie sich. Ihre Tüte braucht sie aber auch nicht. Wahrscheinlich machen ihr auch die Gedanken um das, was sie erwartet, Probleme.

Landung, auschecken, Koffer, zum Auto, alles klappt prima. Nur ein kleiner Stau auf der Autobahn, sodass wir, mit nur einer halben Stunde Verspätung, um 20:30 Uhr zu Hause ankommen.

Urlaubsende.

Mittwoch, 16. Juni 2011

Gute Nachrichten aus Heidelberg. Alle meine Werte sind bestens. Nur mein Cholesterin ist erhöht. Wie schlimm.

Jetzt haben sie nur noch eine neue Idee. Es fehlt noch eine Untersuchung. Jetzt soll noch mittels Magnetresonanztomographie[11] mein Nierengefäßsystem geprüft werden. Wenn`s sein muss! Zum Glück wollen sie es so terminieren, dass wir am selben Tag auch zur Ethikkommission können, um dort zu beweisen, dass es bei meiner Spende nicht um Organhandel geht. Nachdem dieses Untersuchungsergebnis sowie das Okay der Kommission vorliegt, kann praktisch für den nächsten Tag unsere, bzw. zuerst Annettes Einweisung stattfinden.

Wieder einen Schritt näher an der Operation.

---

11 Die **Magnetresonanztomographie** (MRT, kurz auch MR; Tomographie von altgriechisch τομή, tome, „Schnitt" und γράφειν, graphein, „schreiben") ist ein bildgebendes Verfahren, das vor allem in der medizinischen Diagnostik, mittels Magnetfeldern, zur Darstellung von Struktur und Funktion der Gewebe und Organe im Körper eingesetzt wird. Quelle: http://de.wikipedia.org

Mixed Emotions

Keine Woche später ist die Urlaubsleichtigkeit verschwunden.

Sicher, es gibt Gründe, die ihren seelischen Zustand in einem gewissen Maße erklären und begründen. Aber die vorher schon beschriebenen Nierenemotionen lassen solch eine Emotionalität überschwappen. Es werden Muttergefühle und Ängste in einem Maße gefördert, dass man meinen könnte, ihre Kinder seien drei oder fünf Jahre alt, statt wie in Wirklichkeit zwei junge Männer. Da ist keine Frau mehr, sondern nur noch eine Mutter. Es kommt zu allen Zuständen, die man bei Überreiztheit erwartet. Bauchschmerzen, Übererregbarkeit, Juckreiz usw.

In mir spaltet das die Gefühle. Auf der einen Seite der Therapeut, der hilflos zusehen muss, wie sie sich auszehrt, um die Unbeschwertheit bzw. Lethargie junger Männer zu kompensieren, auf der anderen Seite der Partner, der sich verstoßen fühlt und keine Lücke in ihrem Denken sieht, die er noch für sich in Anspruch nehmen kann.

Montag, 19. Juni 2011

Unerwartet fällt der Satz, der sie die letzten Tage so runter-
zieht: „Ich habe Angst. Angst vor der Operation!" Das war
es also. Angst vor einer Operation, deren Durchführung
noch in den Sternen steht. Aber die Angst geht natürlich
weiter. Auch Angst vor den Nebenwirkungen, die die Medikamente (Immunsuppressiva[12]) nach sich ziehen, die sie
nach der Transplantation nehmen muss, um ihren Körper
daran zu hindern, ihre neue Niere abzustoßen. Ein Thema,
das besonders die Empfänger von Lebendspenden betrifft.
Die Angst davor, mit der gespendeten Niere nicht sorgfältig
umzugehen, sodass sie wieder entfernt werden muss. Dabei
ist das ein Vorgang, der nicht willentlich zu beeinflussen ist.

Ein bisschen Angst hat sie vielleicht auch davor, wie ich die
Operation verkrafte. Hoffe ich jedenfalls.

Schriftl. Anmerkung Annette beim Korrekturlesen:
Das war meine größte Angst, dass dir etwas zustoßen könn-
te.

---

12 **Immunsuppressiva**
Medikamente, welche die Funktionen des Immunsystems vermin-
dern. Eine immunsuppressive Therapie wird angewendet um u.a. die
Abstoßungsreaktionen nach einer Organtransplantation zu kontrol-
lieren. Sie besteht aus:
- Glucocorticoiden
- Zytostatika
- Alkyantien
- Antimetabolite
- Interkalantien
- Antikörpern
- usw
Allein die Namen wirken schon furchterregend

EHEC[13]

Ende Mai bricht in Norddeutschland eine EHEC-Infektionswelle von fast epidemischen Ausmaßen aus. Eine Erkrankung, die dieser Erreger auslöst, ist das HUS[14], in dessen Verlauf es zu Nierenversagen kommt. So sehr ich mit allen Erkrankten mitfühle, ist es doch erstaunlich, dass es die jetzt 100 neuen Patienten, die eine neue Niere brauchen, schaffen, das Thema Organspende in die Titelzeilen der Boulevardpresse, in alle anderen Medien, sowie sogar in die Politik zu bringen. Als ob die bisher 12000 wartenden Kranken in Deutschland dies nicht verdient hätten. Aber egal. Es passiert was in Deutschland. Die Politik ringt sich dazu durch, die Entscheidungslösung zu favorisieren, was bedeuten, dass jeder Deutsche mindestens einmal in seinem Leben amtlich gefragt wird, ob er seine Organe spenden möchte. Ob dies beim Antrag für einen Personalausweis oder zur

---

13 **EHEC**
   Enterohämorrhagische Escherichia coli (EHEC) sind bestimmte krankheitsauslösende Stämme des Darmbakteriums Escherichia coli (E. coli), benannt nach dem Entdecker des Erregers Theodor Escherich. Das Namenspräfix enterohämorrhagisch (entero von altgriechisch ἔντερον enteron – Darm und hämorrhagisch für Blutung) deutet an, dass EHEC beim Menschen blutige Durchfallerkrankungen (enterohämorrhagische Colitis) auslösen können.Quelle: http://de.wikipedia.org

14 **HUS**
   Das hämolytisch-urämische Syndrom (Abkürzung HUS), auch Gasser-Syndrom, ist eine Erkrankung der kleinen Blutgefäße und damit eine von zwei Formen der Thrombotischen Mikroangiopathie. Dabei werden durch verschiedene Ursachen, meist Bakteriengifte, Blutzellen zerstört und die Nierenfunktion geschädigt. Dieses seltene Syndrom betrifft hauptsächlich Kleinkinder und Säuglinge, bei denen es die häufigste Ursache eines akuten Nierenversagens ist. Es kann jedoch auch bei Erwachsenen auftreten. Quelle: http://de.wikipedia.org

Führerscheinerstellung geschehen soll, ist noch fraglich. Oder ist die Diskussion der letzten Tage am Ende doch nichts als heiße Luft? Ich hoffe, diese Diskussion schafft es wirklich, auch in den Bundestag zu kommen und dort im Interesse potenzieller Empfänger entschieden zu werden.

Schade nur, dass wirklich 100 neue Nierenkranke dafür nötig waren!

Montag, 4. Juli 2011

„Es gibt nichts Gutes, außer man tut es", heißt es in einem Sprichwort. Ich beginne inzwischen immer mehr, dies in „Es passiert nichts, außer man tut es" umzudichten.

Warum? Weil es so ist. Scheinbar tut sich wirklich nur etwas, wenn wir uns selbst darum kümmern, telefonieren und hinterfragen. Was ist passiert? Da rufe ich in Heidelberg an um nachzufragen, ob es schon neue Termine für die Ethikkommission gibt und kriege die Auskunft: „Moment, da war noch was. Einen Moment, ich schaue mal nach." Jetzt plötzlich ist aufgefallen, dass ein Blutbefund vom 6. Juni nicht in Ordnung war. Mein Wert bezüglich Hepatitis C ist „fragwürdig", was auch immer das heißen mag, und er sollte in vier bis sechs Wochen kontrolliert werden. Ich will gar nicht wissen, wann das aufgefallen wäre, wenn ich nicht heute nach einem Termin gefragt hätte.

Parallel dazu hat Heidelberg über das KfH heute eine neue Antikörperbestimmung bei Annette angefordert. So können wir morgen beide zur Blutabnahme antreten.

Mittwoch, 13. Juli 2011

Endlich die lang ersehnte E-Mail aus der Transplantationsklinik

Hallo Herr Weiskopf,

Wollte Ihnen die gute Nachricht kurz durchgeben: medizinische Freigabe als Spender durch Oberarzt M. ist erfolgt, d.h. wir können jetzt weiter planen.

Ethik am 09.08.11 geht in Ordnung.

MR-Gefäße und Wiederholung Immunologie richtet sich nach dem OP-Termin - ca 3-4 Wochen vorher. Sie sollten mit Ihrer Frau den OP-Termin bespre- chen - für Sie als Spender sollten Sie bedenken, dass Sie ca 5 Tage stationär sind, anschließend für ca 6- 10 Wochen nicht mehr als 5-10 kg (6 Wochen 5 kg, dann max 10 kg) heben dürfen (Bauch-Op, Narben- heilung, Vermeidung Narbenbruch) - gilt auch für anstrengende körperliche Arbeit (Belastung der Bauchmuskulatur).
Viele Grüße
M. S.

Dienstag, 19. Juli 2011

Jetzt läuft der Countdown:

92 Tage bis zum geplanten Transplantationstermin.

Vorher natürlich noch ein paar neue Termine. Zusätzlich zu dem Termin in Karlsruhe kommt jetzt noch ein Termin in Heidelberg, an dem Annettes aktueller Immunstatus getestet sowie ein Magnetresonanztomographie der Blutgefäße mei- ner Nieren gemacht wird. Zusätzlich habe ich ihr vorge- schlagen, mit dem Psychologenteam der Nierenambulanz in Heidelberg in Kontakt zu treten. Dort hat sie jetzt auch einen Termin. Zum Glück konnten wir den so terminieren, dass es in einer Strecke mit unserer Fahrt nach Karlsruhe geht.

Da jetzt der Operationstermin feststeht, können wir unsere sonstigen Termine planen, die noch anliegen. Speziell unse- re Geburtstage sowie mein Praxisjubiläum. Schlecht ist nur für meine Praxisplanung, dass der Termin noch eine Woche nach hinten geschoben werden kann, falls die Antikörperbehandlung nicht direkt anschlägt.

Sonntag, 31. Juli 2011

Panik?!

Abends, halb elf der Anruf. So ganz aus dem Nichts.

„Mein Auslauf ist ganz rot! Voller Blut! Ich rufe jetzt im Zentrum an. Ich melde mich gleich wieder, ich rufe jetzt die Bereitschaftsnummer im Zentrum an."

Ist das die Bauchfellentzündung, vor der alle PD-Patienten Angst haben, und die angeblich jeden mal trifft? Aber nein, da soll doch der Auslauf trübe sein und es soll zu Bauchschmerzen kommen?

Kurze Geschichte: Sie verbrachte die Nacht im Krankenhaus. Das war das Schlimmste daran, und dass man ihr zur Sicherheit, um einer möglichen Bauchfellentzündung vorzubeugen, Antibiotika verabreichte. Leider oral, sodass ihr Magen-Darm-Trakt wieder mal für eine Woche Salto schlägt. Morgens war der Auslauf schon etwas weniger rot und zum Glück hatte sie immer noch keine Schmerzen. So wurde sie gegen Mittag wieder entlassen und konnte nach Hause. Was es war, lässt sich nicht sicher sagen, aber es gibt nur zwei Möglichkeiten. Entweder ist eine Zyste in den Nieren geplatzt, warum war dann aber kein Blut im Urin oder durch ihren wieder schlimmer werdendes Husten ist ein kleines Gefäß im Bauchraum geplatzt. Es reichen ja schon ein oder zwei Tropfen Blut, um so eine Lösung rot zu färben.

Nach drei Tagen war dann die Farbe des Auslaufs wieder normal.

Lediglich die Bakterienwerte des Auslaufs aus der Einlieferungsnacht waren sehr hoch. Da aber die Werte ihres Blutes total normal waren, wurde nochmal eine Probe, diesmal im Zentrum, gezogen. Donnerstags dann die totale Entwarnung. Auch die Werte der Dialyseflüssigkeit waren jetzt in Ordnung. Einzige Erklärung war, dass die Proben nicht ordnungsgemäß entnommen und auf diese Weise kontaminiert wurden.

Mal wieder alles gut gegangen!

Dienstag, 9. August 2011 - Ethikkommission

Nachdem letzten Freitag kurzfristig der Termin beim Psychologen in Heidelberg abgesagt wurde, steht heute nur die Ethikkommission in Karlsruhe auf dem Plan.

Bis auf einen kleinen Stau liegen wir so gut in der Zeit, dass wir uns noch einen kurzen Abstecher in die Innenstadt leisten können, und trotzdem mehr als pünktlich dort erscheinen. Und siehe da, wir kommen sogar etwas früher dran, da unsere Vorgänger anscheinend verspätet sind.

Wie war es jetzt?

Für eine kurze Umschreibung fehlen mir die richtigen Worte. „Unspektakulär" trifft es vielleicht am ehesten. „Viel Lärm um nichts" würde zwar auch passen, aber dafür ist das Thema zu wichtig und man weiß, welche Blüten der Organhandel in manchen Ländern treibt, die eine solche Institution nicht haben.

Die Kommission besteht aus einem Vorsitzenden (Richter), zwei ärztlichen Beisitzern sowie einer Protokollführerin.

Da wir nicht verheiratet oder verwandt sind, werden wir getrennt angehört. Es fühlt sich zwar etwas an wie verhört zu werden, ist aber letztendlich wirklich nett, auch wenn die Bürohausatmosphäre dagegen spricht. Zuerst muss ich ran. Ich muss kurz meinen Lebenslauf schildern, in welcher Beziehung wir stehen und wie diese zustande kam. Werde gefragt, wer auf die Idee der Lebendspende gekommen ist, und soll kurz schildern, welche Risiken für mich durch die Spende entstehen. So ein bisschen wie Prüfung. Nachdem sie mich dann noch gefragt haben, ob sonst niemand aus ihrer Familie spenden will oder kann, bin ich, nachdem mir meine Erklärung durch die Protokollführerin nochmal vorgelesen wurde, fürs erste entlassen. Danach ist Annette dran. Auch sie muss kurz ihren Lebens- und Krankheitsweg schildern. Und auch hier die Fragen nach Spendenbereitschaft der Verwandtschaft, wer wie und wann auf die Idee der Spende kam und zu unserem Beziehung im Allgemeinen.

Direkt danach teilen sie uns gemeinsam das Ergebnis mit. Sie befürworten die Spende und haben erkannt, dass mir keine finanziellen oder sonstigen Versprechen gemacht wurden, um ihr eine Niere zu spenden, sondern dass die Spende einzig und alleine dem weiteren gemeinsamen, besseren Lebensweg dient.

Das war es nun, fünf Stunden Autofahrt, 20 Minuten Kommission und wir sind der Spende wieder einen Schritt näher.

Naja, wenigstens haben wir etwas von Karlsruhe, und auf der Rückfahrt noch etwas von Landau, gesehen. Wer weiß, ob wir sonst je dahin gekommen wären. Aber wichtig ist das Ergebnis und das ist positiv.

Donnerstag, 11. August 2011

Das glaubt man nicht! Das ist in Deutschland wirklich noch möglich! Keine 40 Stunden, nachdem wir den Sitzungssaal der Ethikkommission in Karlsruhe verlassen haben, hab ich den schriftlichen Bescheid in der Post.

Wie uns bereits direkt mündlich mitgeteilt wurde, hier der offizielle Text:

„In der Sitzung vom heutigen Tag haben sich keine Anhaltspunkte dafür ergeben, dass die Einwilligung des Herrn Weiskopf in die Organspende für Frau Flesch nicht freiwillig erfolgt oder das Organ Niere Gegenstand verbotenen Handelstreibens nach § 17 des Transplantationsgesetzes ist.

Er wurde – wie aus dem Protokoll vom heutigen Tage ersichtlich – angehört.

Es ergaben sich keinerlei tatsächlichen Anhaltspunkte dafür, dass Zweifel an der Freiwilligkeit gegeben sein könnten. Die Entscheidung zur Organspende beruht – nach Überzeugung der Kommission – auf der engen Verbundenheit zwischen Organspender und der Organempfängerin.

Anhaltspunkte für einen verbotenen Organhandel haben sich nicht ergeben.“

Der nächste Schritt ist getan. DANKE!

Mittwoch, 17. August 2011

Eigentlich ein normaler Untersuchungstag, wie alle vier Wochen. Aber was passiert? Wieder Blut im Auslauf der Dialyseflüssigkeit.

Da es nichts Neues ist, hält sich der Schreck in Grenzen. Annette hat es gespürt. Direkt nach dem Aufstehen ein Hustenanfall, der in Würgen und letztendlich in Erbrechen endet. Wie fast jeden Morgen in der letzten Zeit. Ohne Systematik. Mal vor, mal nach dem Frühstück. Manchmal auch schon direkt im Bett. Dabei muss es passiert sein. Etwas ist geplatzt, gerissen oder wie auch immer. Später im Ultraschall ist nichts an den Nieren zu sehen, sodass eine geplatzte Zyste nicht in Frage kommt. Vermutlich nur wieder ein kleines Gefäß im Bauchraum, geplatzt durch den Druck beim Würgen mit leerem Magen.

Der Nephrologe, der keine Idee mehr zu dem morgendlichen Husten- und Würgereiz hat, wird ein Termin zur Magenspiegelung in 14 Tagen vereinbart.

Für eine neue Niere reicht der Platz noch. Meine Befürchtung aber ist und bleibt, dass ihre Zystennieren einfach zu viel Platz brauchen, nachts im Liegen alles zu sehr nach oben drücken und so die Atmung beeinträchtigten Diese verminderte Atmung während 6–8 Stunden Nachtruhe führt zu vermehrter Schleimablagerung in der Lunge, die morgens abgehustet werden muss. Da sie nicht in der Lage ist, diesen Schleim auszuhusten, sondern ihn runterschluckt, lagert er sich im Magen an und reizt diesen. Zusätzlich führt der Hustenreiz zur Überreizung des Nervus Vagus[15], der letztendlich den Magen soweit reizt, dass es zum Erbrechen kommt.

---

15 **Nervus Vagus**
Der Nervus vagus (kurz: Vagus) ist der zehnte Hirnnerv. Er ist der größte Nerv des Parasympathikus und an der Regulation der Tätigkeit fast aller inneren Organe beteiligt. Sein großes Verbreitungsgebiet war auch namensgebend, der Name leitet sich von lat. vagari („umherschweifen") ab, wörtlich übersetzt heißt er also „der umherschweifende Nerv". Quelle: http://de.wikipedia.org

Dienstag, 30. August 2011

Da der Termin zu Magenspiegelung vorgezogen wurde, kriegen wir heute schon den Befund. Das Wichtigste vorneweg: Kein Anhalt für tumoröses Wachstum. Gefunden wurde natürlich was. Eine chronische Magenschleimhautentzündung mit einem geringen bis mittlerem Befall von Helicobacter pylorii[16]. Lustig, nein eigentlich traurig, der eine weiß mit dem Befund nichts anzufangen und der andere weiß nicht, ob die Standardtherapie bei Dialysepatienten angewandt werden darf.

Die Frage, ob diese Magenschleimhautentzündung auch durch den Brechreiz ausgelöst worden sein kann, wird übergangen und es wird nur über die Behandlung der bakteriellen Infektion gesprochen. Meine Theorie bezüglich der Vagusüberreizung wird vom Nephrologen zwar als interessant und überlegenswert bezeichnet, bestätigen kann und will er sie aber nicht.

Ach ja, so ganz nebenbei wurde mir mal wieder Blut abgenommen. Für meine Untersuchung (Gefäß-MRT) nächste Woche benötigt Heidelberg aktuelle Kreatinin- und Harnstoffwerte.

---

16 **Helicobacter pylorii**

Der Helicobacter pylori ist ein Keim, der im Magenschleim und auf den Schleimhautzellen des Magens lebt. Sein Vorkommen erstreckt sich vor allem auf die Schleimhaut des Magens. Weltweit rechnet man damit, dass fast 50 % der Bevölkerung mit Helicobacter pylori infiziert sind. In unseren Breiten weisen etwa 10 % der unter 30-Jährigen eine Besiedelung mit diesem Keim auf, wobei die meisten Menschen den Keim über einen bisher nicht genau bekannten Infektionsweg bereits in jungen Jahren bekommen. Die Mehrzahl der Patienten mit einer Magenbesiedelung von H. pylori entwickelt nie eine Magenschleimhautenzündung (Gastritis), ein Magen- oder Zwölffingerdarmgeschwür (Ulcus) und bleibt beschwerdefrei. Quelle: http://de.wikipedia.org

Freitag, 2. September 2011

Seit gestern Morgen nimmt sie die Dreifachtherapie gegen Magenschleimhautenzündung und den „bösen" Helicobacter pylorii. Bis abends geht alles gut, aber dann kommt es mit Vehemenz. Wo sie immer auf Antibiotoka mit Übelkeit und Erbrechen reagiert, sendet Annettes Körper ganz andere Signale. Schmerz! Alle Gelenke und besonders Schmerzen in den Beinen lassen die Nachtruhe unmöglich werden. Ein Schmerzmittel hilft auch nur für eine knappe Stunde, sodass morgens die Erkenntnis kommt: „Ich nehme das Zeug nicht weiter." Nach einer kurzen Suche im Beipackzettel ist die vermeintliche Ursache schnell gefunden. Eines der Antibiotika führt zu Sensibilitätsstörungen der Beine. Zusammen mit den Restless-Legs-Symptomen (RLS)[17] der Dialyse ist einfach zu viel Unruhe im Kopf und in den Beinen, um nur annähernd eine ruhige Nacht zu haben.

Nach Rücksprache mit ihrem Nephrologen werden die Antibiotika tatsächlich abgesetzt, aber auch bis zum Sonntag lassen diese Schmerzen, bzw. das Gesumme im Kopf nur minimal nach.

Vielleicht kennen Mittwoch die Ärzte in Heidelberg etwas, das helfen kann, oder ob die Therapie wirklich nötig ist.

---

17 Die Abkürzung "RLS" bedeutet **Restless Legs Syndrom** – übersetzt: Erkrankung der unruhigen, ruhe- oder rastlosen Beine. Die Beschwerden treten dann auf, wenn der Körper zur Ruhe kommt. In der Regel ist dies am Abend und in der Nacht, wenn ein Ziehen, Reißen oder auch Kribbeln in den Beinen sich bemerkbar macht. Sie können einseitig, beidseitig oder auch abwechselnd auf der einen oder anderen Seite auftreten. Neben den Beinen können auch die Arme oder auch selten die Brustwand betroffen sein. Quelle: http://www.restless-legs.org/

Mittwoch, 7. September 2011

Alles wieder auf Anfang? Oder wie geht es jetzt weiter?

Aber alles der Reihe nach. Heute ist der geplante Termin in Heidelberg. Heißt, die Cross-Match Probe wird wiederholt, um eine Fehlbestimmung der ersten Probe auszuschließen und bei mir wird eine Gefäß-MRT durchgeführt werden, um die Form, Größe und Anzahl meiner Nierengefäße sowie die Lage und Größe der Harnleiter zu sehen.

Eigentlich wollte ich an dieser Stelle schreiben, wie es mir im bei der MRT-Untersuchung ergangen ist. Wie schlimm mir anfänglich die Enge in diesem Gerät erschien, wie mir das Herz bis zum Halse schlug, und mir die Nase juckte und ich nicht in der Lage war, mich zu kratzen. Schlimm, aber die eigentliche, erwähnenswerte Nachricht des Tages ist, dass unser Countdown zur Transplantation heute bei X minus 54 angehalten wurde. Was war passiert?

Nach dem Wirrwarr mit Annettes Gastritis und der fehlgeschlagenen Behandlung am letzten Wochenende hat sie heute kurzfristig einen Termin im Nierenzentrum Heidelberg. Der diensthabende Nephrologe verneint wieder mal den Zusammenhang der Größe der Zystennieren mit ihrem morgendlichen Husten bis hin zum Erbrechen, verändert die Helicobacter-Therapie und empfiehlt noch eine Untersuchung auf ein allergisches Asthma. Naja, schaden kann es nicht, aber ...

Erst im Gespräch mit der Transplantationskoordinatorin wird die Nierengröße zum wirklichen Thema. Auf ihr Betreiben hin schaut sich der Oberarzt der zuständigen chirurgischen Abteilung Annettes Bauch an. Nach nur kurzem Abtasten kommt er zu den Schluss: „Da passt keine Spenderniere rein!", die darauf anberaumte Ultraschalluntersuchung kann hierzu keine aufschlussreichen Ergebnisse liefern, da Luft im Dickdarm den entscheidenden Bereich in linken Becken abdeckt. Der einsehbare Bereich lässt aber auch den Schluss zu, das hier keine Niere mehr reinpasst, jedenfalls nicht ohne Probleme.

Obwohl der zuständige und letztendlich entscheidende Chefarzt erst Montag wieder im Hause ist, werden die möglichen Szenarien durchdacht. Im Endeffekt läuft alles nur darauf hin, dass die Transplantation am geplanten 19. Oktober nicht stattfinden wird.

Später, auf der Rückfahrt, kommen wir gemeinsam zu der Erkenntnis, wir kämpfen nicht um ein oder zwei Zentimeter Platz für eine Spenderniere, sondern wenn es eng wird, entscheiden wir uns dafür, dass sie sich die Niere entnehmen lässt. Auch die anderen Organe, besonders ihre Lunge, werden von dem mehr an Platz deutlich profitieren. Schade nur, dass sich dadurch alle geplanten Termine nicht halten lassen. Zwei Operationen kurz hintereinander sind ihr zu viel, sie will eine Erholung dazwischen. Die Niere entfernen und direkt die Spenderniere zu implantieren, macht das Transplantationsteam in Heidelberg nicht. Wegen der inkompatiblen Blutgruppe, muss, wie bereits erwähnt, ihr Immunsystem mindestens 14 Tage vor der Transplantation runtergefahren werden Deswegen will man jede überflüssige Narben- und Infektionsgefahr ausschließen. Die Entfernung der riesigen Zystennieren ist eine zu große Operation.

Mittwoch, 14. September 2011
Nach ein paar Tagen hin und her mailen und telefonieren kommt heute die Gewissheit in Form einer Mail.

Eine Niere muss raus. Aber nicht nur das. Da diese Operation eine sehr große ist und das Bauchfell dabei auch geschnitten wird, kommt danach für einige Wochen eine Bauchfelldialyse nicht mehr in Frage. Mit ein paar Tagen hatte ich gerechnet, aber ein paar Wochen sind doch eine sehr lange Zeit. Zu lange, um die Dialyse zu unterbrechen. So käme für die ersten Wochen nur eine Hämodialyse (Blutdialyse) in Frage, für die man ihr einen sogenannten Vorhof-Katheter über die Schlüsselbeingrube direkt ins Herz legen würde, über den dann dialysiert wird. Meine Aufgabe ist jetzt wieder, dies Annette positiv zu verkaufen. Ich werde das auf jeden Fall bis Freitag hinauszögern, um mit ihr direkt und nicht per Telefon zu reden. Die nächsten Entscheidungen muss sie selbst treffen. Eigentlich war der Plan, dass wenn die Niere raus muss, sie danach zwei bis drei Monate Pause macht, sich erholt und erst dann das Thema Spende in Angriff genommen wird. Aber nun? Bei der Nierenentfernung möchte Heidelberg eigentlich direkt den Bauchfelldialyse-Katheter entfernen und relativ zeitnah die Transplantation vornehmen. Problem dabei ist, dass Annette nicht über Weihnachten in Heidelberg liegen will, was ich verstehe, aber um so länger die Transplantation hinausgezögert wird, um so länger wird sie dreimal in der Woche zur Hämodialyse müssen. Die Option, Nierenentfernung und Transplantation gleichzeitig durchzuführen, schließt der verantwortliche Chefarzt kategorisch aus. Wegen der Blutgruppenunverträglichkeit und der damit verbundenen Vorbehandlung würde ihr Immunsystem zu anfällig für Wundinfektionen sein, um solch große Narben problemlos und ohne Infektion zu verheilen. Lediglich bei einer Leichenspende, wenn auch die Blutgruppe stimmt, würde er beide Operationen gleichzeitig durchführen, da hier das Infektionsrisiko geringer ist.

Ganz nebenbei. Die Magnetresonanztomographie meiner Nieren hat ergeben, dass meine linke Niere zwei Arterien hat, sodass man lieber meine rechte zur Transplantation nehmen will. Eigentlich möchte man ihr lieber die größere, rechte Niere entfernen, da es dort einfacher wäre, eine linke Niere anzudocken, aber einfacher wäre es mit meiner rechten Niere. Ich weiß nicht wieso, und glaube die Entscheidung ist innerlich schon länger gefallen, aber ich möchte lieber meine linke Niere geben. Irgendwie hab ich ein anderes Gefühl dazu, oder hab ich mich innerlich schon davon getrennt? Egal wie, ich hab Heidelberg schon mal mitgeteilt, dass ich lieber die linke Niere spenden möchte. Mal sehen, was die daraus machen.

Den 19. Oktober als Operationstermin haben wird erst mal festgemacht. Wenn auch für die Nierenentfernung. Warten wir mal ab, wie sie sich am Freitag entscheidet.

Freitag, 16. September

Annette lässt mich nicht lange das entscheidende Thema unter der Decke halten. Nachdem ich ihr alles versucht habe positiv zu erklären, kommt wie immer die Frage: „Warum geht bei mir nie irgendwas den einfachen Weg? Warum kommt mir immer etwas dazwischen?" Sie will sich hier nicht entscheiden, wie es weitergehen soll. Will irgendjemand anrufen oder sucht jemand, der ihr sagt, wie sie es machen soll, bzw. was der richtige Weg ist. Ihr größtes Hemmnis ist die Hämodialyse, bzw. sich für Stunden an so eine Maschine zu legen. Daraus resultiert letztendlich ihre Angst, das alles schiefgeht. Erstens funktioniert die Transplantation aus wer weiß welchen Gründen nicht und dann kann sie, warum auch immer, nicht mehr zurück zur Bauchfelldialyse.

Für sie der totale Super-GAU. Wenn auch unwahrscheinlich, so dennoch möglich.

Sonntag, 18. September 2011

Nach einem Wochenende voller Zweifel kommt erst beim Abschied ihre Aussage: „Ich will die Operation im Oktober!" Wenn, dann schnell! Lieber eine kurze Zeit zur Operation, als eine lange Zeit an der Hämodialyse.

Da sie Weihnachten, wie erwähnt, in keinem Fall in Heidelberg liegen will, kommt zur Transplantation nur ein Termin Mitte Januar 2012 in Frage. Aber erst will sie Montag noch mit ihrem Nephrologen telefonieren. Für sie vielleicht ein besseres Gefühl, aber wirklich ändern wird sich dadurch nichts.

Egal, wie auch immer. Ihr Zustand ist im Moment nicht wirklich befriedigend. Übelkeit jeden Morgen, die manchmal bis zum Erbrechen, manchmal auch darüber hinaus bis zum Abend anhält. Daran hat auch die Behandlung des Helicobacter nichts geändert. Oder ist grad diese Behandlung schuld an ihrem momentanen Zustand? Freitag in 14 Tagen hat sie noch einen Termin beim Lungenspezialisten; mal schauen, ob der etwas findet, warum sie morgens fast immer bis zum Erbrechen husten muss. Viele Fragen ohne befriedigende Antworten. Mal sehen, was die nächsten Tage bringen. Meiner Meinung sind die riesigen Zystennieren schuld an ihrem Zustand. In Verbindung mit Angst, Angst und Angst. Angst, die hier mehr blockiert als schützt.

Oktober 2011

Hoffnung. Freude. Depression.

So spielt Annettes Seelenleben Achterbahn mit ihr. Und immer die Angst vor der Hämodialyse im Kopf. Operation? Nein, nicht schön, aber muss sein. Aber jeden zweiten Tag an „die Maschine", das bringt alle ihre Ängste in Wallung. So schlimm, dass sie zwei Wochen vor der Operation nur noch mit Schlafmitteln einschlafen kann. Alle naturheilkundlichen Interventionen, die ich versuche, versagen inzwischen. Aber ohne Schlaf kann sie die Zeit gar nicht überstehen. Also lieber dann mal für ein paar Wochen auf die harte Tour. Wie sagt man im Norden: „Wat mut, dat mut!"

Zwischenzeitlich war ja noch der Termin beim Lungenfacharzt. Organisch ist ihre Lunge gesund, nur eine leichte Hausstauballergie wird festgestellt, wogegen ihr antiallergische Bettwäsche verordnet wird. Ansonsten ist die Lungenfachärztin meiner Meinung, dass die Nieren zu viel Platz brauchen und die Lungenfunktion einschränken und dass die Nieren den Magen so einschränken, dass zu viel Säure produziert wird, wogegen der Körper dann Schleim produziert, den sie morgens bis zum Erbrechen abhusten muss.

Hoffnung!? Kurz vor der Operation heißt es plötzlich: Wir müssen vielleicht keinen Bauchschnitt machen, sondern können über die Flanke operieren. Dabei wird das Bauchfell nicht beeinträchtigt und sie kann weiter CAPD machen. Das wäre ja was! Dann die Einschränkung: Wenn alles gut geht.

Ist doch interessant, wie sie jetzt an ihrer CAPD hängt. Sie kämpft richtig dafür.

Nephrektomie (Nierenentfernung)

Dienstag, 18. Oktober

Womit anfangen? So viel ist passiert, so viele Eindrücke und so viele Enttäuschungen!

Aber der Reihe nach.

6 Uhr aufstehen und sich fertig machen. Die Koffer sind seit ein paar Tagen zumindest in Teilen gepackt. Also nur das Übliche: aufstehen, duschen, frühstücken (ich alleine, sie will, kann nicht), Auto packen, losfahren. Ab der Hälfte der Strecke, als es hell wird, will sie selbst fahren, zumindest auf der Autobahn. Als sie fertig ist, ist sie bis zur Klinik gefahren. Durch Ludwigshafen, Mannheim und Heidelberg. Weil: Wie fast immer in dieser Gegend, herrscht Stau. Und die Umleitung führt über Bundesstraßen durch die Städte. Da wir wie immer etwas mehr Zeit für die 2-stündige Fahrt einplanen, sind wir trotzdem pünktlich.

Anmeldung im Erdgeschoss, noch okay. Auf der Station müssen wir dann fast eine halbe Stunde warten, bis sie aufs Zimmer kann. Sitzen im Flur war aber zuerst noch eine gute Alternative zu dem Schock zu sehen, dass sie auf ein 4-Bett-Zimmer (in Worten: vier) kommt. Hier in diesem Teil der Klinik scheint das normal. Alle Zweibettzimmer sind mit Infektionspatienten belegt, so die Erklärung. Aber gleich mit der Einschränkung: „Packen Sie ihren Koffer nicht aus, kann sein, das sie nach der Wachstation auf ein anderes Zimmer kommen." Zusätzlich erklärt man, dass diese Klinik ein paar hundert Meter weiter neu aufgebaut wird. Natürlich wird dann hier nicht mehr renoviert, sodass wir in einem Krankenhaus sind, das einen frühen 70er-Jahre-Charme ausstrahlt. Wem`s gefällt! Hoffentlich sind die OP-Säle in einem moderneren Zustand. In ihrem Gesicht sehe ich deutliche Zeichen eines Kampfes: Der Kampf den sie austrägt heißt: „Bleib ich oder fahre ich wieder?" Und tief drinnen der Schrei: Ich will hier weg!

Noch keine zehn Minuten auf dem Zimmer hört sie morgens um 11 Uhr, wie unruhig die Nacht durch das Schnarchen der Bettnachbarin werden kann. Und, obwohl vorbereitet, ist man mit dem Thema CAPD hier doch etwas überfordert. Aber ab Nachmittag habe man einen Raum für sie, in dem sie alleine und in Ruhe ihre Dialyse durchführen kann. Aber hier, in diesem Zimmer, weigert sie sich ihre Dialyse durchzuführen.

Ansonsten eine normale Aufnahme, Blutabnahmen, Temperatur, Blutdruckmessen, Pflegeprotokoll, Chirurg, zwei Stock tiefer zum EKG und zum Anästhesisten. Später kommt auch noch der Stationsarzt, der ganz erstaunt ist, das Annettes Operation über die Flanke gehen soll. Wir nehmen keinen Eingriff über die Flanke vor, und auch die Seite der Operation stellt der Arzt in Frage. Annette und ich sind verzweifelt, aber der Arzt auch. Unseren Argumente kann er nur schwer widersprechen. Zum Glück erreicht er den Oberarzt, der für Transplantationen zuständig ist. Der klärt die Situation und auch uns auf.

Ein Eingriff über die Flanke ist möglich, birgt aber zwei große Nachteile. Zum einen schneidet man dabei zu viele Nerven und Muskeln durch, die nicht mehr gut verheilen und zum Anderen besteht hier, an der Flanke, die Riesengefahr, dass die Narbe nicht hält und sie dann eine Riesenwurst an Narbenbruch dort hängen hätte. Entscheidender für die Ärzte ist aber, dass in den Zysten immer wieder Bakterien vorkommen, und dass bei einer Operation über die Flanke das Risiko besteht, dass Zysten platzen und sich infiziertes Material im Bauchraum verteilt. Schlimm daran wäre, dass die Transplantation dadurch auf ewig gefährdet werden könnte.

Alle Hoffnungen auf weitere Bauchfelldialyse sind dadurch bis auf weiteres zerstört Aber die Vernunft siegt und wir stimmen der Operation in der geplanten Form zu. Wir? Ja! Auch ich bin gefragt. Der Oberarzt, der auch unsere Transplantation durchführen will, besteht darauf, meine rechte Niere zu transplantieren, sodass er bei Annette die linke entfernen würde. Ihm sind die Gefahren, die zwei Arterien meiner linken Niere zu verarbeiten, deutlich zu groß.

Wieder sehe ich den Kampf in ihren Augen. Aber die Vernunft siegt und sie willigt in die Operation, wie sie vom Oberarzt vorgeschlagen wurde, ein. Ebenso ich, meine rechte Niere zu geben.

Ich selbst habe für die ersten Tage ein schönes kleines Zimmer, gut einen Kilometer entfernt von der Klinik gefunden, in dem ich die kommenden Nächte verbringen werde. Bis Sonntag will ich in ihrer Nähe bleiben.

Ach ja. Die Operation ist morgen für 13 Uhr angesetzt. Wenn man aber den Oberarzt gehört hat, kann es auch 16 Uhr werden.

Mittwoch, 19. Oktober 2011, Operation

Um 8 Uhr bin ich bei ihr. Ich versuche, die Zeit bis zur Operation zu verkürzen oder sie zumindest etwas zu beruhigen. Naja, wenn das mal so leicht wäre.

Als erstes erhalte ich den Nachtbericht. Nachdem die erste Bettnachbarin auf die Seite gedreht wurde, stellt sie ihr Sägekonzert ein. Aber keine zehn Minuten später, so gegen halb zehn, gehen alle Lichter an und eine neue Patientin, die vierte jetzt, wird ins Zimmer geschoben. Direkt von der Wachstation aufs Zimmer, immer noch an Narkosefolgen leidend. Das bedeutet, sie erbricht sich die ganze Nacht, ehe ihr morgens ein Mittel dagegen infundiert wird.

Und hier ein Appell an die Klinik. Sie bieten jeden Nachmittag eine Patientenschulung an, was im Ansatz eine tolle Einrichtung ist. Wie verhalte ich mich nach der Operation, wie mache ich Atemübungen, wie stehe ich nach der Operation aus dem Bett auf, usw., usw. Richtig toll. Nur bitte, haltet euch doch an eure eigenen Verhaltensregeln, oder macht zumindest, dass eure Patienten sich auch dran halten können. Da wird toll erklärt, man solle sich abends ruhig ein Schlafmittel geben lassen, um die Nacht gut zu schlafen, weil ein ausgeschlafener Patient die Operation viel besser verkraften würde. Hätte Annette ja gerne gemacht, aber trotz zweier Schlafpillen war es ihr nicht möglich, neben einer dauernd würgenden Patientin zu schlafen. Also, Ansatz super, Durchführung verbesserungsbedürftig.

11 Uhr die neueste Meldung, sie kommt auf ein Zweibettzimmer. Toll, aber auch hier wieder die Warnung, nicht den Koffer auszupacken, da auch hier nicht sicher ist, dass sie nach der Operation wieder in dieses Zimmer kommt.

12 Uhr die vermeintlich letzte Bauchfelldialyse für eine hoffentlich lange Zeit. Sie lässt auch für die Operation nur 500 ml nachlaufen. Sollte reichen.

13 Uhr. Noch nix passiert. Sollte der Oberarzt mit seiner Prognose Recht behalten? Nein, denn auch bis 16 Uhr ist noch nichts, auch nur im Ansatz, Richtung Operation pas-

siert. Nur weil sie jetzt seit gestern Abend nüchtern ist, gibt man ihr eine Infusion mit Kochsalzlösung.

Ums kurz zu machen. Um 18:15 erhalten wir die endgültige Absage. Die Operation ist auf morgen früh verschoben. Natürlich wieder ohne nähere Zeitangabe

Donnerstag, 20. Oktober 2011 - Operation, die Zweite.

Als ich um halb neun in ihr Zimmer komme, ist es leer. Wie erhofft, ist sie also im Operationssaal. Auf Nachfrage sagt man mir, sie sei um Viertel nach sieben in den Operationssaal gebracht worden. Schön. Insgeheim hatte ich mir das so vorgestellt, dass es heute schnell geht und sie nicht noch viel Zeit hat, über die Operation nachzudenken. So mach ich mich also in die Mensa auf und werde frühstücken. Komisch, der Hunger verlässt mich nie!

Um halb zehn der erlösende Anruf. Die Operation ist vorbei, alles hat wie geplant funktioniert, sie sei in der Wachstation und dürfe jetzt mal noch mindestens zwei Stunden schlafen.

Da ich schon mitgekriegt habe, dass man hier auf der Wachstation sehr restriktiv mit den Besuchszeiten umgeht, habe ich jetzt also mindestens drei Stunden, die ich überbrücken muss. Was tun? Ins Zimmer gehen, aufs Bett legen? Dafür wird mir die wirkliche Ruhe fehlen. Also nutze ich die nächstgelegene Variante. Direkt neben dem Klinikum der Uni liegt der Heidelberger Zoo. Eine bestimmt interessante Abwechslung. Auch wenn es nichts viel Tristeres gibt, als ein Zoo im Oktober, ist es eine willkommene Zerstreuung. Besonders die Fütterung der Seelöwen trägt dazu bei. Nicht so perfekt wie in großen Zoo`s oder Show`s, dafür aber um vieles authentischer und vor allem näher am Tier und am

Zuschauer. Ansonsten herrscht ein so bescheidenes Wetter, dass selbst die Schafe nicht auf ihre Weide wollen.

Da ich bis 14 Uhr noch nichts Weiteres gehört habe und auch die Station noch keine Mitteilung für mich hat, mache ich mich selbst auf die Suche.

Interessant, der Weg zur Wach- bzw. Intensivstation ist nicht beschildert. Und da der Operationssaal auf ihrem Stock liegt, muss ich, um sie zu finden, erst ein Stockwerk tiefer, dann durch vier verschiedene Gänge, um dann ein Stockwerk nach oben zu gehen und dann vor der Tür zu stehen. Um einen dann ganz zu verwirren, hängt an der Tür ein Schild, man solle zuerst klingeln und dann erst auf Aufruf die Station betreten. Eigentlich gut, nur hat man die Klingel auch versteckt. Die finde ich erst, als ich ganz verwirrt von der Suche um die Ecke in den Wartebereich für diese Station gehe. Und natürlich gibt es immer eine ziemliche Wartezeit, bis sich hier jemand meldet. Verständlich, da das Wohlergehen der Patienten absoluten Vorrang hat, aber als Betroffener fühlt man da etwas anders und empfindet Sekunden als Minuten.

Nachdem ich dieses Labyrinth erfolgreich durchquert und die Wartezeit überstanden habe, lässt man mich tatsächlich ohne Widerstand zu ihr durch. Sie sieht erstaunlich gut aus, und kann sogar schon lächeln. Wenn es auch anstrengt, sehe ich trotzdem die Erleichterung in ihrem Gesicht. Die Schmerzen sind erträglich, da sie sie mittels eines Knopfes selbst regulieren kann. Alle 20 Minuten kann sie sich einen Schub Schmerzmittel geben, muss es aber nicht. Als ich genauer hinsehen kann, sehe ich tatsächlich zwei Zugänge in jedem Arm, sowie einen Druckverband, mit dem man die Stelle schützt, an der ein fünfter Zugang gelegen hat. Genau dort, wo man am Unterarm den Puls misst. Ich kann noch eine ganze Zeit bei ihr bleiben, auch wenn es so schön auf einer solch gefüllten Wachstation auch nicht ist. Sie hat immer noch schwere Augenlider und ist müde. Auf den Hinweis der betreuenden Schwester, sie könne um 16 Uhr auf die normale Station verlegt werden, verlasse ich sie und will sie dort in Empfang nehmen.

Dass es 17 Uhr wird, damit habe ich ja gerechnet, aber um 17.30 werde ich doch unruhig und mache mich noch mal auf den Weg durch das Labyrinth.

Hier erfahre ich dann, sie dürfe erst auf die Normalstation, wenn sie einmal spontan Urin gelassen hätte, was bisher noch nicht passiert sei. Zu ihr darf ich aber erst dann, als die zuständige Ärztin kommt, der Annette gesagt hat, ich würde Osteopathie machen und würde das mit ihrer Blase schon in den Griff kriegen. Tolle Bürde, die sie mir da aufgelegt hat, aber für sie war es die Möglichkeit, mich wieder zu sich zu schleusen. Leider kann ich auch nicht helfen und verlasse sie nach einer guten halben Stunde wieder, in dem Wissen spätestens zur Besuchszeit um halb acht wieder hier sein zu können. Zeit für eine Pizza.

Natürlich klingele ich pünktlich um halb acht an der Wachstation, was passiert? Nichts! Fünf Minuten, gefühlt eine Stunde später, auf mein zweites Klingeln, kommt die Antwort: „Wir kommen gleich!" Was auch immer das heißen mag. Da ich um diese Zeit nicht mehr alleine hier bin, andere haben das Labyrinth auch geschafft, sehe ich, dass es denen auch nicht anders geht. Aber wirklich, zehn Minuten später rollt man sie aus der Wachstation und ich helfe, sie auf ihr Zimmer zu bringen.

Sie kommt wieder auf ihr altes Zimmer, nur jetzt mit neuer Nachbarin. Noch drei Infusionen hängen an ihr, sowie ein Wundkatheter, in den, seit ich sie das letzte Mal besucht habe, nichts weiter dazu gelaufen ist. Jetzt, wo alle Anspannung von ihr fällt, kommen alle Unruhen hoch und verwirbeln sie etwas. Sie hat Durst, aber das Schlucken fällt noch schwer. Ihr ist kalt, was auch sonst, schließlich fehlt ihre zweite Bettdecke. Die kommt aber gleich und direkt dazu noch eine Wärmflasche. Oh wie schön. Ach ja, daß mit dem spontanem Wasserlassen ist schief gegangen und man hat ihre Blase mittels Einmalkatheter geleert. Deswegen kommt man jetzt hier auch auf die Idee, ihr einen Dauerkatheter zu legen, gegen den sie sich erfolgreich wehren kann. Der Kampfeswille ist schon wieder da. Der Nephrologe, der sie besucht hatte, hätte gesagt, man solle es ohne versuchen. Natürlich, wenn sie nicht will, kriegt sie auch keinen. Hoffen wir mal, dass es so klappt wie sie sich das wünscht. Und dass sie sich gut ausschlafen kann! Nach nun über zwölf Stunden mache ich mich um 9 Uhr auf den Weg in meine Unterkunft.

Freitag, 21. Oktober 2011

Gemessen an dem, was mir von der Katheteroperation vor einem Jahr in Erinnerung geblieben ist, geht es ihr richtig gut. Wie es einem so gehen kann, wenn einem am Tag zuvor eine Niere entfernt wurde.

Nachmittags dann der Moment, vor dem sie bisher am meisten Angst hatte. Die erste Hämodialyse über ihren neuen

Shaldon-Katheter[18]. Und zu ihrem großen Erstaunen klappt alles viel besser und vor allem schmerzfreier, als sie es sich vorgestellt hat. Der einzige Schock ist ihr Gewicht. Wog sie am Mittwochvormittag mit Dialyseflüssigkeit noch 66 kg, liegt sie jetzt ohne die Niere bei 67,8 kg. Und das ohne Niere und Flüssigkeit im Bauch. Aber an ihren Händen und im Gesicht zeigt sich, dass sie Wasser eingelagert hat. Und noch wissen wir nicht, wie groß und schwer die entfernte Niere war. Um die ganze Sache langsam anzugehen, wird man ihr heute nur 500 ml in zwei Stunden entziehen. So zur Eingewöhnung. Morgen früh soll es dann direkt weitergehen.

Nachdem das Wiegen heute Morgen noch wegen Schwindel ausgefallen ist, sind wir schon froh, dass sie es schafft, aus dem Bett in die Sitzwaage und zurück zu kommen. Zwar mehr geschoben, aber es hat funktioniert.

Samstag, 22. Oktober 2011

Der zweite Tag postoperativ. Die zweite Dialyse. Heute 1500 ml als Ziel. Heißt drei Stunden. Dialyseprofis machen das zwar in der halben Zeit, aber wir hoffen ja, dass sie immer ein Amateur in diesem Metier bleibt. Während der Dialyse wird ihr auch mal übel und ihr Zuckerspiegel ist wieder im Keller, genau wie ihre Sauerstoffsättigung und ihr Blutdruck. So kommt sie um 11 Uhr recht fertig zurück auf die Station. Außer der Übelkeitsphase hat sie die Dialyse eigent-

---

18 **Shaldon-Katheter** - großvolumiger Venenkatheter der meist über die rechte Vena jugularis interna oder die vena subclavia (Venen im seitlichen Halsbereich) in die obere Hohlvene, die direkt ins Herz führt, vorgeschoben wird.

lich verschlafen. Gut so, aber auf die Beine kommt sie so nicht.

Kommt das schon von der Dialyse? Ich denke nein, da es ihr nach einer kleinen Schüssel Babybrei sichtlich besser geht. So gut, dass sie sich kurze Zeit später auf die Bettkante setzen kann, aufsteht, und von mir gestützt zum Waschbecken, über den Flur zur Toilette und zurück geht.

Ansonsten vergeht der Nachmittag unspektakulär mit sich wiederholenden Schlafphasen. Auch ihre Schmerzpumpe benutzt sie kaum. Aber Bewegungen tun schon noch höllisch weh. Schlimmer noch ist allerdings die Luft, die nicht aus ihrem Bauch weichen will und zusätzliche Schmerzen verursacht.

Zum Abendessen setzt sie sich auf und hält das auch die ganze Zeit durch. Kurz nochmal aufstehen, dann legt sie sich hin und signalisiert wortlos: Hier steh ich heute nicht mehr auf.

Eine gute Sache ist heute noch passiert. Sie hatte weiter Urinausscheidung, insgesamt gut einen Liter über 24 Stunden. Wenn das so bliebe wäre es gut, und es bliebe noch Luft nach oben. Faustregel für die Trinkmenge inklusive Suppen, Kartoffeln, Joghurt usw. bei Dialysepatienten ist ein halber Liter plus die natürliche Ausscheidungsmenge. Worüber man sich als Gesunder keine Gedanken macht, wird hier zur Rechenaufgabe. Natürlich misst man das nicht jeden Tag, sollte es aber doch regelmäßig kontrollieren.

Der Operationsbericht ist immer noch nicht komplett, besonders der Befund der Pathologie fehlt noch. So wissen wir immer noch nicht, wie groß und schwer die Niere war.

Ach ja, noch was Gutes, für sie Entscheidendes. Wenn alles so weiterläuft, kann sie nächste Woche nach Hause, meint der Stationsarzt. Mal sehen.

Sonntag, 23. Oktober 2011

Als ich um halb zehn in ihr Zimmer komme, ist es soweit. Worauf ich schon gestern gewartet habe, passiert jetzt. Kein Stuhlgang seit Mittwoch heißt, jetzt freiwillig oder der Einlauf bzw. das Klistier kommt. Tapfer geht sie zur Toilette, aber freiwillig will nichts passieren. Da sie aber so überfüllt im Bauch ist, auch mit viel Luft, verschafft ihr das Klistier, oder besser, die daraus sich entwickelnde Wirkung, eine riesige Erleichterung.

Um halb eins, während des Essens, kommt wieder mal der Schmerzarzt, prüft ihre Pumpe und entscheidet: Weg damit! So richtig froh scheint sie diese Entscheidung nicht zu machen, aber die geringe Menge, die sie die letzten 24 Stunden genommen hat, lässt sich über Tropfen oder Tabletten angeblich darmschonender verabreichen.

Montag, 24. Oktober 2011

Kurz nach 9 Uhr telefonieren wir. Sie ist schockiert. Man will sie doch tatsächlich schon am Mittwoch entlassen. Sie, die sonst um jede Minute kämpft, früher aus Krankenhäusern entlassen zu werden, wird plötzlich ängstlich, ängstlich und ablehnend bei dem Gedanken, entlassen zu werden. Ok, Mittwoch hab ich eh geplant nach Heidelberg zu fahren, da ginge das in einem. Dumm nur, dass ich Donnerstag und Freitag auf Seminar bin. So ist keiner hier, der sich um sie kümmern könnte. Bei ihr zu Hause wäre eigentlich auch keiner, da müsste ihre Mutter kommen. Mal sehen. So wie es jetzt scheint, will sie ihre Entlassung auf Freitag verschieben. Wenn das klappt, gut, ansonsten müssen wir sehen.

Am Nachmittag kommt die schon länger erwartete Depression. Wieder geht alles schief. Bauchschmerzen während der Dialyse und der Nephrologe bemerkt, dass sie den falschen Katheter hat. So könne er sie nicht nach Hause schicken, der muss erst noch gewechselt werden. Man hat hier die Halsvene benutzt, richtig wäre aber die Vene unter dem Schlüsselbein gewesen. Das muss jetzt unter örtlicher Betäubung geändert werden. Und das, wo es immer noch heißt, Mittwoch nach Hause. Mit Schmerzen, kaum fähig, die sieben bis acht Meter zur Toilette zu gehen.

Halb acht, immer noch massiv depressiv verstimmt, will sie jetzt nur noch schlafen. Gegen die Bauchschmerzen hat sie nochmal ein Schmerzmittel bekommen. Macht sicher auch müde.

Mit ihrem betreuenden Dialysezentrum hat sie auch schon gesprochen, oder besser verhandelt. Auch die können den frühen Entlassungszeitpunkt nicht verstehen. Alternativ schlagen die Heidelberger Ärzte vor, sie ins heimische Krankenhaus zu verlegen, um dort wieder auf die Beine zu kommen und dann vielleicht am Wochenende entlassen zu werden. Mal sehen, ob das funktioniert.

Dienstag, 25. Oktober 2011

Der Wundkatheter wurde heute schmerzfrei gezogen. Es geht auch mal was gut.

Ihr Gewicht scheint sich auch wieder einzupendeln. Das heißt für den Moment, es sinkt. Die zunehmende Bewegung und die besser werdenden Urinausscheidungen lassen das Wasser, zusätzlich zur Dialyse, aus ihrem Körper abfließen.

Dann noch eine Ultraschalluntersuchung des Sheldon-Katheters. Es wird geklärt, ob der Katheter verlegt werden kann, ohne ihn komplett zu erneuern. Anscheinend sollte es funktionieren. Morgen nach der Dialyse. Und danach nach Hause. Daran hat sich noch nichts geändert.

Abends 8 Uhr, die Zeichen stehen wieder auf schlafen. Müde klingt sie, aber auch gequält. Schmerzen lassen hier nach und kommen dort hoch. Im selben Maße, wie die Schmerzen der Operation nachlassen, kommen jetzt Rückenprobleme, ausgelöst durch eine Woche auf dem Rücken liegen. Auf der linken Seite liegen geht noch nicht wegen der Narben, und der Katheter verhindert angenehmes Liegen auf der rechten Seite.

Mittwoch, 26. Oktober 2011

Wie geplant fahre ich heute Richtung Heidelberg. Nicht erwartet hab ich allerdings, sie heute schon mit nach Hause nehmen zu können. Die ersten Infos, die wir bekommen hatten, lauteten schließlich, dass sie zirka 14 Tage im Krankenhaus bleiben muss. So ändern sich die Zeiten. Jetzt sind grad mal sechs Tage seit der Operation vergangen. Heute Morgen noch Dialyse, dann den Katheter verlegen und dann Heim. So der Plan.

Mitten auf der Autobahn dann der Anruf. „Ich komme heute nicht raus!" Zum einen erleichtert über die gewonnene Zeit, zum andern verstört über das Hin und Her, erzählt sie mir, nach der Dialyse sei der Gefäßchirurg gekommen, und hatte erklärt, nein, mit Betäubung und nach diesem Eingriff dürfe sie keinesfalls heute nach Hause. Okay, fahre ich sie nur besuchen.

Als ich nach Mittag ankomme, ist sie noch im Operationssaal, kommt aber recht zügig in ihr Zimmer zurück. Ach nein, nicht auf ihr Zimmer, sondern nur auf den Flur. Sie soll noch zum Röntgen. Man will sehen, ob man die Lunge nicht verletzt hat. Nach einer dreiviertel Stunde ist es soweit, sie wird zum Röntgen gerollt, was dann sehr zügig vonstattengeht, sodass sie bereits eine viertel Stunde später wirklich in ihrem Zimmer angekommen ist.

Total geschafft von der gefühlten Systemlosigkeit und den Nachwirkungen der Betäubung, muss sie erst mal eine Pause machen. Trotzdem schaffe ich es, sie später noch zu einer Runde über den Flur zu überreden und sie im Rollstuhl nach draußen zu kutschieren. Hierbei merkt sie doch, dass die Betäubung nachlässt, sodass sie jeden noch so kleinen Hubbel in ihrer rechten Halsseite spürt.

Abends dann noch eine neue Nachricht. Man hat eine Blasenentzündung bei ihr festgestellt. Sie hat zwar keine Schmerzen und das typische Brennen hat sie auch nicht, aber die Entzündungszeichen im Blut sowie im Urin sind da. Also Antibiotika. Wo sie das doch so gut verträgt. Aber wegen der nicht so schweren Ausprägung nur für drei Tage.

Freitag, 28. Oktober 2011

Nachmittags wird Annette von ihrer Schwester abgeholt und nach Hause gebracht. Da anfangs von 14 Tagen Krankenhaus die Rede war, hab ich für diesen Donnerstag und Freitag ein Seminar eingeplant. Und hätte so erst nach 19 Uhr da sein können. Was doch sehr spät für sie geworden wäre und wo die Klinik das Bett doch so früh wie möglich braucht.

Verkraftet hat sie die Heimfahrt dann doch gut. Das wäre am Mittwoch noch um einiges schlechter gewesen. Auch morgen wird ihr noch jedes Schlagloch auf der Straße weh tun.

Ansonsten wird das sich anschließende Wochenende ruhig und die Schmerzen lassen weiter nach.

Montag, 31. Oktober 2011

Heute hat Annette ihre erste Dialyse im heimischen Dialysezentrum. Obwohl sie hier fast alle Mitarbeiter kennt, ist doch alles neu. Entgegen ihren Befürchtungen tut auch hier die Dialyse nicht weh. Auch ihre Müdigkeit nach der Dialyse ist eher auf das frühe Aufstehen und die lange Liegezeit zurückzuführen. Während der Dialyse in Heidelberg konnte sie noch schlafen, hier geht das nicht, noch jedenfalls nicht. Zu viel Unruhe!

Dienstag, 1. November 2011

Weiter geht es aufwärts. Langsam, aber stetig. Am Nachmittag können wir sogar einen halbstündigen Sparziergang in der Sonne machen. Natürlich ist sie hinterher geschafft, aber es geht. Und das ist das Wichtigste.

Gegen Abend macht sich immer mehr die Unruhe wegen morgen breit. War es Montag noch Neugier vor dem Neuen, kommt heute schon die Unlust und der Ärger über dieses Angebunden sein an das Krankenhaus durch. Zusätzlich noch die Angst davor, dass morgen die Klammern ihres Bauchschnittes entfernt werden. Sechzehn vom Bauchnabel zum Brustbein und zwei dort, wo noch vor zwölf Tagen ihr

PD-Katheter aus dem Bauch kam. Ein Katheter, den sie jetzt vermisst. Nicht wirklich, aber gegen die Hämodialyse würde sie ihn direkt wieder tauschen.

Und dann das frühe Aufstehen. Konnte sie mit ihrer CAPD noch lange im Bett bleiben beziehungsweise direkt danach wieder ins noch warme Bett kriechen, muss sie im Moment um halb sieben morgens aufstehen und zum Zentrum fahren. Alles Gründe, die sie weiter negativ gegen die Hämodialyse stimmen. Aber mal sehen, was die nächsten Tage oder Wochen bringen.

Erste Wochen Hämodialyse

Der Neugier und der interessierten Anspannung der ersten Dialyse im heimischen Zentrum weicht schon beim zweiten Mal die Ernüchterung. Was tut man fünf Stunden lang, wenn die „Maschine" annähernd jede unüberlegte, aber auch jede gewollte Bewegung mit einem Fehlerton quittiert.

Kopfschmerzen, Müdigkeit im Kopf, ein Darm, der sich nur rebellierend mit der neuen Situation im Bauchraum zurechtfindet, das alle mündet in massiven depressiven Verstimmungen, die sie noch weiter runterziehen und jedes Zwicken oder Ziehen beobachten, wahrnehmen und negativ interpretieren lässt.

Das Entfernen der Nähte und Klammern wird in schöner Langsamkeit und Vorsicht durchgeführt, sodass die Narben halten werden. Auch ihr „Trockengewicht"[19] hat sie nach nur einer Woche erreicht, sodass bereits Ende der zweiten Woche darüber nachgedacht wird, ihr keine Flüssigkeit durch die Dialyse zu entziehen, sondern nur noch die sogenannten harnpflichtigen Stoffe. Außerdem scheint es so, dass inzwischen selbst der geringere Flüssigkeitsentzug während der Dialyse Annette massiv belastet.

---

19 **Trockengewicht**

    - ist das Gewicht, das ein Dialysepatient nach der Dialyse, d.h. nach dem Entzug des durch die Nierenschwäche im Gewebe eingelagerten Wassers, haben sollte. Es wird für jeden Patienten individuell festgelegt und immer wieder kontrolliert. Wenn ein Patient ständig hypoton (niedriger Blutdruck) und schlapp ist wird das Gewicht angehoben, was heisst, dass er an Substanz zugenommen hat und man ihm an der Dialyse nicht soviel Flüssigkeit entziehen darf. Hat er hingegen eine Hypertonie (Bluthochdruck) und noch Luftnot dazu, ist das ein Zeichen dafür, dass das Trockengewicht gesenkt werden muss. Er hat also zuviel Flüssigkeit im Körper, die durch Dialyse entzogen werden muss.

Nur das Problem Zeit bleibt zu lösen. Was tun während der fünfstündigen Maschinenzeit? Beim Lesen piept die Maschine, Fernsehen und Hörbücher enden in Lethargie beziehungsweise unerquicklichem Schlaf, der durch Piepsen unterbrochen wird. Wenn nicht ihre Maschine, dann eben die eines anderen. Irgendwo piept es hier immer. Bitte richtig verstehen, das soll keine Kritik sein. Aber es ist so, doch zur Überwachung der Dialyse unverzichtbar.

Gut auch: Drei Wochen nach der Operation hat sich ihre Gehstrecke, mit Pausen, auch schon wieder auf über zwei Kilometer gesteigert.

Samstag, 26. November 2011

Fünf Wochen ist die Operation jetzt vorbei und sie hat die erste akzeptable Woche hinter sich. Keine Übelkeit wie letzten Sonntag, Kopfschmerzen nur noch in den ersten Stunden nach der Dialyse, aber immer noch fertig für den ganzen Tag der Dialyse. Da sie ihr „Trockengewicht" erreicht hat und dies anscheinend problemlos halten kann, lässt sie sich kein Wasser entziehen, was ihr augenscheinlich besser bekommt. Jedenfalls im Moment.

Problematisch ist aber weiterhin ihr Hämoglobin-Wert. Zwar wurde der Abfall bei 8,8 gebremst, aber so wirklich steigen will er noch nicht. Also gibt es weiter Doping in Form von Erythropoietin.

Soweit das Medizinisch-körperliche. Mental hat sie sich immer noch nicht mit der Hämodialyse und dem Krankenhausbesuch jeden zweiten Tag abgefunden. Immer noch sehnt sie sich nach ihrer Bauchfelldialyse zurück. Auch die juckenden Pflaster, mit denen der Katheter abgedeckt werden muss, lassen sie zeitweise Richtung Selbstverstümmelung tendieren, so sehr möchte sie sich kratzen. Wer je ein Gipsbein oder einen Gipsarm hatte, wird nachvollziehen können, wie es ist, sich nicht kratzen zu können.

Trotz all der Probleme ist ihr heute so gut, dass wir die Chance nutzen und zum Weihnachtsmarkt, sowie einem Einkaufsbummel nach Trier fahren. Endlich mal raus und etwas anderes sehen. Hatte Annette schon lange nicht mehr. Sie hält auch erstaunlich gut durch. Wenn wir auch nicht wirklich fündig geworden sind, ist es doch wieder ein Riesenschritt Richtung Normalität. Da nimmt sie auch in Kauf, dass sie nach unserer Rückkehr für den Rest des Tages fertig ist.

Aber was bedeutet hier schon „Normalität"? Nichts ist ab Dialyse normal. Frau Korst, Vorstandsmitglied der „Selbsthilfe Lebendorganspende Deutschlands e. V.", (http://slodev.de) hat in einem Artikel nach ihrer Spende den tollen Vergleich geprägt: „Leben mit Dialyse ist wie eine Ehe zu dritt!" Nur dass vom dritten Partner hier keinerlei Rücksichtnahme zu erwarten ist.

Freitag 19. Dezember 2011

Alles wieder auf Anfang. Heute habe ich die neuen Termine vereinbart. Montag, den 30. Januar geht's los. Einweisung von Annette zur Plasmapherese. Mein Einzug in die Chirurgische Klinik ist für den 14. Februar geplant, sodass die Operation am 15. Februar über die Bühne gehen soll.

Sie beschwert sich zwar, Fastnacht im Krankenhaus verbringen zu müssen, aber für mich heißt das, nicht so viele Tage in der Praxis auszufallen.

Winterdepressionen?!

Es ist zu warm für Mitte Dezember, es stürmt, es regnet. Das Wetter verführt einen schon fast dazu, depressiv zu werden.

Was ist passiert? Nichts! Nur der steinige Weg durch die Dialyse. Ein andauernder, ermüdender Kampf gegen alle Unwägbarkeiten, die diese Hämodialyse mit sich bringt. Wenn man die Dialyse mit einem Gefängnis vergleicht, dann ist Hämodialyse Einzelhaft und die Bauchfelldialyse Freigang mit Fußfesseln. Auch in der Peritonealdialyse-Zeit war nicht alles immer gut, aber jetzt ist ihr mehr und öfters schlecht.

Nach der Zeit im Dialysezentrum ist der daran folgende Tagesrest eigentlich nur Zeitrumkriegen, bis es früh ins Bett geht. Schlimm daran ist nur, dass der Körper nach der Dialyse zweigeteilt ist. Der eine Teil, der müde, will sich hinlegen und ausruhen, der andere Teil ist aufgedreht oder aufgewühlt und möchte rundlaufen.

Dazu kommt, dass Annettes Blutdruck immer noch zu hoch ist und auch die Medikamente nicht wirklich Besserung bringen. Wenigstens die Kopfschmerzen sind durch das Absenken des Bicarbonats in der Dialyselösung so gut wie ganz verschwunden. Komisch nur, dass man solche Sachen selbst recherchieren und anregen muss, um sich dann noch anhören zu müssen, dass man das wüsste, dass Bicarbonat Kopfschmerzen verursachen könne. Toll! Da soll man noch nach Hause schreiben, es gehe einem gut.

Der nächste Nachteil der Hämodialyse rückt jetzt immer näher in unseren Fokus: Essen !

Während die Bauchfelldialyse kontinuierlich dialysiert, kommt es bei der Hämodialyse nach der fünfstündigen Entgiftung zu einer dreiundvierzigstündigen Vergiftung. Das bedeutet, wo unser Essen bisher hauptsächlich bezüglich Phosphat eingeschränkt war, kommt nun ein noch strikteres Essverhalten zum Einsatz, das auch Kalium mit einschließt. Zumal ihre Kaliumwerte eh zu hoch sind.

Wenn dann alle diese Gedanken mal unterdrückt sind, juckt es mal wieder unter dem Pflaster, so schlimm, dass sie kratzen muss. Da das unbewusst auch nachts passiert, kommt es darunter zu Rötungen bis schlimmstenfalls Entzündungen. Die jucken dann natürlich noch schlimmer. Ein Teufelskreis, der kaum zu durchbrechen ist. Ich jedenfalls mache mich immer wieder unbeliebt, wenn ich sie dabei störe, sich zu kratzen.

Auch sonst, ein dauerndes Auf und Ab. Es geht für einen Tag gut, die Rechnung dafür gibt es am nächsten Tag. Wenn die Frequenz so lange dauert. Manchmal kommen die Wechsel viel schneller.

Alles in allem furchtbar ermüdend. Für sie, dieser dauernde Wechsel ihrer Befindlichkeit und für mich der immerwährende Versuch, diese Wechsel zu kompensieren und dabei immer wieder in Hilflosigkeit unterzugehen. Und das alles nach einem sehr arbeitsreichen Halbjahr, das mich, ohne Urlaub, körperlich, aber vor allem auch an psychische Grenzen gebracht hat. Naja, der Körper macht noch mit, Heidelberg hat mir eine glänzende Gesundheit bestätigt, und in ein paar Tagen ist Weihnachten und dann habe ich eine Woche Urlaub. Für nächstes Jahr habe ich mir mehr Freizeit verordnet. Aber der Kopf ist schon müde.

Depressionen und Dialyse

......

Dialysepatienten leiden häufig, aber meist unauffällig unter kognitiven Störungen. Die Schwankungsbreite ist meist ausgeprägt: Am Tag der Blutwäsche fällt die kognitive Leistungskraft in ein Tief, liegt jedoch am vorausgehenden und am folgenden Tag möglicherweise auf einem höheren Niveau. Unter diesen Umständen verwundert es nicht, dass viele Dialysepatienten einen großen Teil der ärztlichen und pflegerischen Empfehlungen nicht wirklich realisieren, berichtet Prof. Dr. Frank Eitner (Aachen) in seinem Beitrag zum aktuellen Jahrbuch der "Akademie"

"Nierenkranke Patienten mit kognitiven Beeinträchtigungen zu identifizieren kann den behandelnden Ärzten und den beteiligten Angehörigen unmittelbar helfen, z.B. bei der Unterstützung der Medikamenteneinnahme und bei der Diät- und Pflegeplanung." Daher empfiehlt Eitner dringend ein entsprechendes Screening.

Etwa 25 Prozent der Dialysepatienten leiden unter einer klinischen Depression - vor allem nach einer längeren Behandlungsdauer, besonders häufig Jüngere und Frauen. Eitner empfiehlt ein regelmäßiges Depressionsscreening - zum Zeitpunkt der Dialyseeinleitung, drei bis sechs Monate nach Dialysebeginn, dann etwa jährlich.

......

Die Behandlung der Depression ist zusätzlich dadurch kompliziert, dass ein erheblicher Teil der Dialysepatienten mit einem positiven Screening für Depression jegliche weitere Diagnostik und Therapie ablehnt. Gründe hierfür sind u.a.

die fehlende Akzeptanz, zusätzliche Medikamente einzunehmen, und die Sorge vor einer Stigmatisierung ..."

Dennoch ist es nach Einschätzung von Eitner lohnenswert, Depressionen optimal zu behandeln: einerseits um die Lebensqualität für den Patienten, die Angehörigen und das Behandlungsteam zu verbessern und anderseits um das depressiv-selbstschädigende Verhalten des Patienten zu reduzieren, d.h. die Lebenszeit zu verlängern.

Frank Eitner:
Kognitive Funktion und Depression bei Hämodialyse.
In: Akademie Niere (Hrsg.) VI. Intensivkurs Nieren- und Hochdruckkrankheiten 2011.
Pabst, Lengerich/Berlin 2011, 532 Seiten,
ISBN 978-3-89967-709-6

Montag, 09. Januar 2012

Es werden immer weniger Schritte Richtung Transplantation. Alle Schalter stehen weiter auf „Go".

Immer noch kämpft sie mit den Auswirkungen der Dialyse. Auf einen guten Dialysetag folgen meist zwei bis drei schlechte, an denen auch am nächsten Tag keine wirkliche Lebensqualität besteht. Wenn es ihr dann mal gut geht, kommt der geplante Operationstermin in ihrem Kopf zum Vorschein und lässt sie unruhig werden. Ich höre das immer an der Zunahme ihres Räusperns oder an den wieder häufiger werdenden morgendlichen Hustenattacken.

Nun ja, schließlich sind es nur noch 9 Dialysen in ihrem heimatlichen Dialysezentrum, dann noch ein paar in Heidelberg und schon geht's los ...

Heute wurde dann nochmal bei uns beiden Blut abgenommen, um das Crossmatch[20] erneut durchzuführen. Vier Röhrchen bei mir und fünf bei ihr. Da aber heute auch der Standard-Blutuntersuchungstag im Zentrum ist, werden ihr zusätzlich noch vier Röhrchen abgezapft. Nur wird sie dafür nicht wie ich gestochen, sondern es kann direkt aus der „Maschine" entnommen werden.

Dienstag, 24. Januar 2012

Noch diese Woche. Dann geht's los.

Ihr Nervenkostüm ist inzwischen zum Zerreißen angespannt, da kommt es zusätzlich zum Stress mit der Kranken-

---

20 Eine Kreuzprobe („cross-match") ist ein medizinisches Testverfahren. Mithilfe einer Kreuzprobe können Ärzte feststellen, ob sich das Gewebe des Spenderorgans mit dem des Empfängers verträgt. Der Test wird im Vorfeld einer Nieren- oder anderen Transplantation durchgeführt

kasse. Nachdem wir schon länger wissen, dass sie auch nach der Transplantation eine Weile zweimal pro Woche nach Heidelberg zur Kontrolle muss, heißt es plötzlich, ja, normalerweise bekäme sie dafür ein Taxi von der Krankenkasse bezahlt. Soweit so gut.

Nur!? – Annettes große Krankenkasse, und ich denke hier könnten fast alle Krankenkassen stehen, die mit ihren Filialen vor Ort glänzen wollen, sind nicht weniger verzweigt wie Krankenkassen, die ohne Filialen auskommen. So ist es bei ihrer Krankenkasse kaum möglich, die gewünschte Filiale zu erreichen und schon gar nicht den gewünschten Gesprächspartner. Man landet bei Anrufen immer in der Filiale, die grade frei ist. Natürlich hat jeder Mitarbeiter Zugriff auf alle Daten und Vorgänge, aber grade Lebendspende ist ein so spezielles Thema, da sollte man schon einen direkten Ansprechpartner mit der entsprechenden Fachkompetenz erreichen können.

Aber das ist heute nicht der Fall und sie landet mit ihren eh schon flatternden Nerven bei einem teils unwilligen, teils genervten Krankenkassenmitarbeiter, der anscheinend noch nicht mitgekriegt hat, dass an der anderen Seite seiner Telefonleitung Menschen und nicht bürokratische Maschinen sitzen. Da kann man schon verstehen, dass kranke oder gar schwerstkranke ältere Menschen schnell die Flinte ins Korn werfen und sich eingeschüchtert mit ihren Anliegen zurückziehen.

Aber zu Ehrenrettung der Krankenkasse: Es gibt auch Mitarbeiter, die sich mit der Materie auskennen und auch bereit sind, sachlich und menschlich korrekt mit ihren Mitgliedern zu reden. Und so einen hatte sie heute beim zweiten Versuch am Telefon.

Aber nicht nur das, auch Ärzte sind heute so unter der Kandare der Krankenkassen, dass sie nicht mehr die Traute besitzen, mündliche Aussagen auch schriftlich zu bestätigen. In unserem speziellen Fall die mündliche Empfehlung, nach Heidelberg zu gehen. Wenn man diese Bestätigung aber braucht, um Fahrtkosten abzurechnen, die Ärzte diese aber nicht schreiben können. Dabei wäre es so einfach. Natürlich darf/soll ein Arzt keine Klinik empfehlen und man ist gehalten, die nächstgelegene aufzusuchen. Aber dann sollte man seinem Patienten auch direkt sagen, dass er im Falle, dass er sich für die weiter entfernte, „bessere" entscheidet, Probleme bezüglich Fahrkosten und deren Erstattung bekommt. Punkt aus. Dann kann man sich direkt entscheiden, ob es einem das wert ist, 180 statt 108 km zu fahren. Aber jetzt, drei Wochen vor OP-Termin?

Egal, wir ziehen die Transplantation jetzt so durch.

Vorbereitungsphase

Montag, 30. Januar 2012

Obwohl wir erst um zehn Uhr in der Klinik sein sollen, ist ihre Nacht um kurz nach fünf zu Ende. Mit unruhiger Geschäftigkeit erledigt sie noch einiges, mehr allerdings, um sich abzulenken, als um produktiv zu wirken. Bereits seit einigen Tagen ist ihr Denken bereits zu mindestens 90 Prozent in Heidelberg. Familie, Freunde und Bekannte, die sie verabschieden, zwingen sie noch tiefer in ihr Angsttal, als sie es selbst könnte.

Ich schaffe es trotzdem, bis halb sieben im Bett zu bleiben und mich im normalen Rhythmus fertigzumachen. Wie geplant sitzen wir um halb acht im Auto.

Ohne Stau kommen wir überpünktlich an, die Formalitäten sind schnell erledigt und pünktlich um zehn ist sie in ihrem Zimmer und die Aufnahmerituale beginnen zügig. Die Zimmer sind gegen die der Chirurgischen Klinik Luxusappartements. Nur zwei Betten, Toiletten und Dusche im Zimmer, zwar kein Fernseher, aber kostenloses WLAN.

Im Zimmer liegt eine Patienten, die, wie sich schnell herausstellt, nur noch auf ihren Befund wartet und dann wieder nach Hause darf. Im Prinzip nicht schlimm, nur sie kommen schnell ins Gespräch, und was kommt raus? Die Patientin, wohl etwas älter als Annette, hat bereits die dritte Niere transplantiert bekommen und lag jetzt wieder mit Abstoßungsreaktionen hier im Nierenzentrum. Konnte sie das nicht für sich behalten? Aber was nützt es, da muss sie durch.

Nachmittags dann direkt an die Dialyse.

Der normale Wahnsinn oder Überlastung? Das ist die Frage, die man sich auch hier stellen muss. Alle sind lieb und nett, aber an Kommunikation mangelt es. Auf Station sagt man zu ihr, sie solle zur Dialyse gehen. Auf der Dialysestation wundert man sich, dass sie ohne Bett kommt und so muss erst mal ein Bett besorgt werden, um die Dialyse anzulegen. Aber dass das Personal nicht nur nett ist, sondern auch sein Handwerk versteht, ist ja viel wert. Direkt fällt hier auf, dass Annettes Kaliumwert unter 7,5 liegt, sodass die Ärzte eine sofortige EKG-Überwachung während der Dialyse veranlassen.

Dienstag, 31. Januar 2012

Wieder einmal Planänderung. Sie beginnen mit Immunadsorption[21] anstelle der geplanten Plasmapherese. Diese hat den gleichen Sinn, nur wird hierbei ihr eigenes Blutplasma zurückgeführt und nicht wie bei der Plasmapherese Fremdplasma oder Plasmaexpander gegeben. Sollte dies allerdings nicht zum gewünschten Erfolg führen, wird man auf die Plasmapherese zurückgreifen müssen, die deutlich anstrengender und risikobehafteter ist.

Parallel dazu hat man jetzt auch angefangen, die Immunsuppressiva einzuleiten, sowie einen Cortisonspiegel aufzubauen. Das hat den Vorteil, bereits vor der Transplantation Abstoßungsreaktionen vorzubeugen und man kann noch ohne

---

21 **Immunadsorption**

Die Immunadsorption (Abkürzungen: IMAD, IAD, IA) ist ein extrakorporales Therapieverfahren zur therapeutischen Entfernung von Autoantikörpern und Immunkomplexen bei Autoimmunerkrankungen oder antikörpervermittelten Transplantatabstoßungen.
Quelle: http://de.wikipedia.org

größere Probleme die Mittel wechseln, falls sie das eine oder andere nicht verträgt.

Nachdem sie gestern schon durch die Kurzbekanntschaft mit der Abstoßung erschreckt wurde, heute der nächste Schock. Während der Immunadsorption erleidet ihr Zimmernachbar, der eine Plasmapheresebehandlung erhält, einen schweren allergischen Schock und Annette kriegt in voller Breite die gesamten Notfallmaßnahmen mit. Ärzte und Pflegepersonal, die nicht zur Notfallbehandlung gebraucht werden, kümmern sich besorgt und rührend um Annette, sodass sie, obwohl der Schreck tief sitzt, ihren Weg unbeirrt weitergeht. Hoffen wir mal, dass die Zeit der negativen Erlebnisse langsam ein Ende findet. Es wäre nicht schlecht, ihr Erleben hier etwas positiver zu gestalten. Aber all diese Ereignisse und all das, worum sie sich immer wieder aufs Neue kümmern muss, wie sind die Blutwerte, wo ist meine Krankmeldung, wo meine Bestätigung für die Krankenkasse, all das lenkt sie immer wieder von ihrer Angst vor der Operation und dem was dann kommt, ab. Zumindest für einen kurzen Moment. Sie muss kämpfen, und sie tut es!

Mittwoch, 1. Februar 2012

Noch 14 Tage bis zur Transplantation.

Erste Reaktionen? Nachdem es ihr gestern fast schon zu gut ging, rebelliert heute Morgen ihr Magen. Noch ist zwar unklar, ob es am Essen oder an den Medikamenten liegt, aber die Wahrscheinlichkeit liegt bei den neuen Medikamenten.

Nachmittags, halb zwei, als sie endlich an die Dialyse darf, geht es ihr schon wieder besser und das Sodbrennen hat nachgelassen. Erste Befunde zeigen auch, dass ihr Körper die Immunsuppressiva gut annimmt. Die Dialyse läuft heute auch so gut, dass 88 Liter Blut gewaschen werden. Sonst war sie froh, wenn sie 65 Liter Durchfluss hatte. Und das ohne die vielen Alarme, die sie von zu Hause kennt. Ist doch interessant, wie unterschiedlich empfindlich die verschiedenen Maschinen sind.

Auch das erwartete längere Gespräch mit dem Stationsarzt hat heute mal in ihren und seinen Zeitplan gepasst. So ist sie wieder etwas beruhigter. Zusätzlich noch ein Kurzbesuch der Ärztin, die die gesamte Koordination der Transplantationen macht. Sie schaut nur nach ihr, beruhigt sie etwas, und erklärt auch nochmal, dass ein allergischer Schock, wie der, den sie gestern neben sich erlebt hat, bei ihnen noch nie vorgekommen sei, und sie sich deswegen keine Gedanken machen müsse. Auch ginge es dem Patienten wieder deutlich besser, nur seine Transplantation sei um eine Woche verschoben.

Inklusive der Dialyse war es heute doch ein sehr anstrengender Tag, sodass sie sich bereits um Viertel vor neun in den Schlaf verabschiedet.

Freitag, 3. bis Sonntag 5. Februar 2012

Nach einem relativ entspannten Donnerstag ist heute wieder Dialyse angesagt. Wieder mal am Nachmittag, aber da sie mich erwartet, erbettelt sie eine halbe Stunde früheren Feierabend. Aber ich hatte so doch eine entspanntere Anreise und konnte in Ruhe fahren, in mein Hotel einchecken und mein Zimmer beziehen, bevor ich in die Klinik fuhr. Trotz Dialyse ging es ihr verhältnismäßig gut, doch rief ihr Bett wieder sehr früh. Aber was will man im Krankenhaus auch viel anderes machen?

Samstagmorgen, lief ich noch erst im fast erfrorenen Heidelberg (-14° C) durch die Stadt, trank Kaffee und erkundete einen Computerladen. Als ich dann um kurz nach 11 in der Klinik ankomme, wird sie gerade von der Immunadsorption abgehängt, und hat für den Rest des Wochenendes frei. Zum Glück sind hier die Kliniken riesig groß, sodass man gefühlt einen Kilometer gehen kann, ohne einen Flur zweimal zu durchlaufen. Vorteil ist: Das Nierenzentrum ist über einen Tunnel mit der Medizinischen Klinik verbunden, und die ist wirklich riesig.

Nachmittags noch Visite. Oberarzt und Stationsarzt! Machen die hier nie frei? Sonntags kommen beide auch wieder. Der Stationsarzt ist jetzt seit Montag ohne Unterbrechung jeden Tag bei ihr gewesen. Freizeit scheint hier klein, sehr klein geschrieben zu werden! Gut für die Patienten, wohl eher schlecht für ein Leben außerhalb der Klinik.

Ihre Werte fallen. Ein Antikörper-Titer, das Verhältnis (Soll-Ist) der Antikörper im Blut, ist von 1:1024 bereits auf 1:256 gefallen, der andere von 1:64 auf 1:16. Alles im Rahmen und fallend. Trotzdem wird die Entscheidung über die

Transplantation frühestens nächstes Wochenende fallen, vielleicht auch erst am Montag.

Parallel dazu sind ihre Dialysewerte stabil auf einem guten Niveau.

Die Kälte, die ganz Deutschland im Griff hat, schränkt natürlich unsere Möglichkeiten für Aktivitäten deutlich ein. So verbringen wir die meiste Zeit mit Klinikmarathon. Nur Sonntag zieht sie sich warm, sehr warm an, und wir gehen zur knapp 500 Meter entfernten Pizzeria, wo sie nach einer Woche Klinikessen nochmal etwas Schmackhaftes zu sich nimmt.

Natürlich rebelliert ihr Körper gegen die ganzen Medikamente, morgens Durchfall, Hitze, warme Füße, etwas, das sie absolut nicht kennt. Gegen Abend Gesichtsröte, die sich auf Nachfrage wahrscheinlich als Sonnenbrand herausstellt. Eine Nebenwirkung ihres Medikamentencocktails ist Überempfindlichkeit gegen Sonneneinstrahlung. So empfindlich, dass auch intensive Strahlen durch Fensterscheiben reichen, um einen leichten Sonnenbrand auszulösen. Aber all das ist nichts im Vergleich zum Sodbrennen, das sie Samstag auf Sonntag nicht schlafen lässt. Sonntags gibt es dann ein Mittel, das den armen Magen gegen die ganzen Medikamente etwas schützen soll.

Montag, 6. Februar 2012

Zum Glück hat das Magenmittel seine Wirkung getan und sie hat gut durchgeschlafen und Kraft gesammelt für einen wohl anstrengenden Tag. Nachdem letzte Woche noch der Schongang lief, geht es laut zuständigem Arzt ab heute in den Hauptwaschgang. Das bedeutet morgens Immunadsorption, nachmittags Dialyse. Was dazu führt, dass sie 8,5 bis 9 Stunden am Tag an der oder besser den Maschinen verbringt. Gnädigerweise gibt man ihr dazwischen eine knappe Stunde, um zu Essen und sich etwas zu bewegen.

Noch **neun** Tage bis zur Operation, wenn alles wie geplant läuft.

Ein leidiges Thema liegt jetzt noch an mir. Nachdem bisher nur mein engster Kreis weiß, was wir vorhaben, muss ich jetzt langsam anfangen, einen größeren Kreis zu informieren. Schließlich muss ich ja doch erklären, warum ich mindestens zwei Wochen in der Praxis fehlen werde. Okay, voll arbeiten werde ich vier Wochen nicht können, aber Anwesenheit verschleiert doch einiges.

Schlimmer, als es zu erzählen, sind für mich die Reaktionen der Leute. Alle finden das toll, mutig, … Mir ist das schon beinahe peinlich. Alles was es so an möglichen Reaktionen gibt. Und glücklicherweise erinnern sich fast alle an Herrn Steinmeier, bei dem doch auch alles so gut funktioniert hat.

Dienstag, 7. Februar 2012

Ein ruhiger, fast entspannter Tag, wenn nur nicht die Maschine streiken würde. Alle paar Minuten Fehlermeldungen mit Abschalten des Durchflusses. Auch eine komplett neue Verkabelung ändert nichts daran und auch der angerufene Techniker weiß keinen wirklichen Rat. So wird nach knapp vier Stunden und weniger als zwei Dritteln der geplanten Durchflussmenge abgebrochen. Trotz allem lassen die Werte von gestern die Stimmung aller steigen, da die Konzentration von Antikörpern im Blut weiter sinken.

Zur Erklärung für Menschen, die damit etwas anfangen können, mal die genauen Antikörper-Titer:

Antikörper A Saline   1:8   Antikörper A Coombs 1:64
Antikörper B Saline   1:8   Antikörper B Coombs 1:8

Nachmittags noch schnell Lunge röntgen und sonst ist nur Zeit totschlagen angesagt. Zum Glück hat sie jetzt Skype und findet viele ihrer Lieblingssendungen im Internet, die ihr beim Zeit totschlagen helfen. Am Abend kriegt sie dann noch die Info, dass kurzfristig für Morgen nochmal eine Immunadsorption angesetzt wurde.

Mist! Es hat mich erwischt! Die Nase läuft, die Nebenhöhlen tun weh, die Stimme ist belegt. Rüsselseuche, wie ich es gerne nenne. Nein, nur jetzt nicht! Da hilft nur hartes Rangehen, verschiedene Mittel, um die Nebenhöhlen freizuhalten, homöopathisches Mittel, um den Gesamtzustand zu verbessern, Grog um den Körper in Wallung zu bringen. Und Vitamin C in Höchstdosen. Zwei Tage gebe ich meinem Körper, um die Sache in den Griff zu bekommen, sonst gibt's Antibiotika. Ob ich will oder nicht!

Mittwoch, 8. Februar 2012

Mein Infekt hat sich nochmal verschlimmert. Es reicht zwar noch zum Arbeiten, aber es strengt schon an und die letzte Kraft fehlt doch. Da bin ich um jeden Patienten froh, der nicht kommt. Aber? Es kommen alle! Mal sehen, wie es morgen geht. Am Wochenende nach Heidelberg fahren werde ich mir abschminken können. So werde ich eher Schaden anrichten, als der Sache dienlich zu sein.

Nachdem sich herausstellt, dass es einen Fehler bei der Planung der Immunadsorption gegeben hat, was sie an sich schon aus der Bahn wirft, ist für Annette heute der schlimmste Tag ihrer bisherigen Dialysekarriere. Durch die Immunadsorption in den letzten Tagen hat sie über drei Liter Wasser in ihrem Körper angesammelt, die werden ihr heute wieder entzogen. Nachmittags ist sie nicht mal in der Lage „Piep" zu sagen, so fertig ist sie. Das ist schon nicht mehr Hauptwaschgang, sondern eher Schleudergang.

Donnerstag, 9 Februar 2011

Meine „Rüsselseuche" ist auf dem Rückzug. Hoffentlich bleibt es so.

Annette geht es deutlich besser, aber das Nervenkostüm wird immer enger. Zusätzlich angespannt durch einen Mitpatienten, der die gleiche Behandlung wie sie durchlaufen hat, nur leider ohne den gewünschten Erfolg. So verlässt er heute die Klinik, ohne eine neue Niere zu haben.

Heute Morgen war sie früh wieder an der Immunadsorption, um dafür dann etwas länger darin zu liegen. Insgesamt heute dann mal über fünf Stunden. Aber bei der abendlichen Visite verbreiten die Ärzte eine positive Stimmung und beruhigen sie – alles auf einem guten Weg, und man meine, ohne Plasmapherese auskommen zu können. Weiter stehen also alle Zeichen auf „go".

Freitag, 10. Februar 2012

Heute wieder Immunadsorption und auch die fängt jetzt langsam an zu schlauchen. Aber mit Erfolg: Bis auf den Antikörper A Coombs, der mit 1:32 immer noch zu hoch ist, sind alle anderen auf den gewünschten 1:4 angekommen. Eventuell will man noch ein anderes Verfahren anwenden, aber sie wollen noch die nächsten Werte abwarten. Montagnachmittag wird entschieden, ob am Mittwoch alles wie geplant über die Bühne gehen kann.

An ihrem Hüsteln und Räuspern kann ich die zunehmende Anspannung ablesen, wie an einem Geigerzähler die Radioaktivität.

Erstaunlich gut allerdings hat sie heute die Doppelbelastung Dialyse und Immunadsorption verkraftet. Ebenso erstaunlich, wie die intensive Entwässerung durch die Dialyse, heute eineinhalb Liter, auf ihre Stimme geht. Abends ist sie kaum noch in der Lage zu sprechen und klingt, als hätte sie die dritte Stimmbandentzündung in Folge. Bonnie Tylers Stimme ist dagegen ein Nichts.

Zwei Entscheidungen wurden heute auch gefällt. Erstens: Montag und Dienstag muss sie an die Plasmapherese, vor der sie doch einen riesigen Bammel hat. Und zweitens wurde entschieden, die Entscheidung über die Transplantation am Montagnachmittag zu fällen.

Samstag, 11. Februar 2012

Trotz morgendlicher Immunadsorption geht es heute Nachmittag gut. So gut, dass es reicht, um zweimal durch den Tunnel in die Nachbarklinik zu gehen und noch einige Runden durch die Flure des Nierenzentrums zu drehen.

Endlich mal wieder eine Planänderung. Jetzt wird doch Montag und Dienstag je eine Dialyse und eine Plasmapherese durchgeführt. Nicht zwingend, weil die Werte noch so schlecht sind, sondern weil die Ausgangswerte so hoch waren.

Transplantation

Montag, 13. Februar 2012

Zum ersten Mal seit langem hab auch ich unruhig und schlecht geschlafen diese Nacht. Naja, wenn man bedenkt was kommt, nicht verwunderlich.

Während ich heute noch bis in den Nachmittag in der Praxis arbeite, hat Annette heute wieder ihr eigenes Zwei-Schicht-System. Schon um 7 Uhr beginnt sie mit der Plasmapherese, die zwei Stunden dauert, um sich dann, nach kurzer Pause, für nochmal fünf Stunden an die Dialyse zu legen.

Nachmittags ist man sich zwar noch nicht einig über die neuen Blutergebnisse bzw. den Erfolg der Behandlung, trotzdem soll ich morgen da sein. Ich bleibe also bei meinem Plan, fahre heute, schlafe in einem Hotel und kann dann morgen früh ohne den Stress einer zweistündigen Fahrt im Berufsverkehr in der Klinik einchecken.

Abends die Ergebnisse. Während der Antikörper A (Saline Technik) auf 1:1 gefallen ist, bleibt der Antikörper A (Coombs Technik) hartnäckig bei 1:8 stehen. Wenn er morgen nach der Plasmapherese auf 1:4 gefallen ist, kann transplantiert werden.

Dienstag, 14. Februar 2012

Sieben Uhr wieder Plasmapherese. Als ich um kurz vor acht dazustoße, wird gerade der zweite Beutel Frischplasma angehängt. Sie zittert schon vor Kälte, da die Beutel nicht wirklich warm sind. Um das zu verbessern, kriege ich direkt zwei Beutel unter den Pullover, um sie wenigstens etwas anzuwärmen. Ein Riesenaufwand, diese Behandlung. Ein Pfleger ist die gesamte Zeit dabei, muss Beutel wechseln, Vitalfunktionen überwachen, peinlichst genau notieren, wann welcher Beutel an, bzw. abgehängt wird. Mehr Schriftkram wie Behandlung.

Kurz vor dem Wechsel vom vierten auf den fünften Beutel passiert das, vor dem sie eigentlich seit Tagen Angst hat. „Meine Füße jucken, mein Kopf ist heiß, meine Ohren jucken, meine Beine brennen ..." Allergische Reaktion. Sofort sind zusätzliche Mitarbeiter und Ärzte vor Ort und leiten in Ruhe die Behandlung ein. Cortison, Kalzium, und was weiß ich alles. Allerdings, auch wenn es nur eine „leichte" allergische Reaktion war, wird die Behandlung für heute abgebrochen. Ob das gereicht hat? Abwarten!

Trotz alledem gehe ich auf Anweisung in die Chirurgische Klinik und checke um 10 Uhr ein. Das übliche Prozedere, einige Zettel ausfüllen, mit der Stationsleitung nochmals durchgehen und fehlende oder unklare Angaben ersetzen. Dann Blutabnahme, Vitalfunktionen, Temperatur messen. Danach noch EKG und Lungenfunktionstest, sowie das Aufklärungsgespräch beim Narkosearzt. Kurz nach ein Uhr hab ich alles hinter mir. Jetzt heißt es auch hier warten. Da die Operation noch nicht sicher ist, kriege ich noch kein Bett, und verbringe den Nachmittag auf dem Stationsflur, inklusive Essen.

Annette hat, nachdem sie sich erholt hatte, direkt noch eine Immunadsorbtion bekommen, um den Wert so noch zu beeinflussen.

Trotzdem, kurz vor 16 Uhr dann der unerwünschte Anruf. Es reicht nicht, Operation abgesagt. Ich nehme meine Koffer und gehe wieder rüber in das Nierenzentrum.

Mittwoch, 15. Februar 2012

Ich hab nochmal eine Nacht im Hotel verbracht und verbringe den Morgen bei ihr im Krankenhaus, bis sie um ein Uhr zur Dialyse muss. Noch hält sie sich tapfer. Aber abends vorm Schlafengehen hat es sie erwischt. Unfähig über ihr Leid zu klagen, zu kraftlos um sich zu ärgern und zu schreien, will sie nur Ruhe und nicht mehr reden. Und wohl nur noch in sich hinein weinen.

Donnerstag, 16. Februar 2012

Neuer Versuch. Heute Plasmapherese in anderer Konstellation. Wieder zehn Beutel, nur heute im Wechsel Frischplasma und Humanalbumin. Sie verträgt diese Variation sehr gut und der Mut steigt wieder. Erst recht, als um 16 Uhr die erlösenden Werte kommen. Sie sind auf 1:1 bzw. 1:2 gesunken. Also genau dahin, wo man sie haben will. Aber, was wäre ein Tag ohne Hiobsbotschaft! Ihr Hb-Wert, die Anzahl der roten Blutkörperchen, die zum Sauerstofftransport nötig sind, ist dramatisch gefallen. In die Klinik ist sie mit einem Wert von über 11 gekommen, der jetzt auf 5,6 gefallen ist. Es wurde einfach zu lange auf Epo und Eisen verzichtet, parallel aber immer wieder Unmengen von Blut entnommen. Nicht, dass das jetzt der neue Knackpunkt wird.

Freitag, 17. Februar 2012

Heute wieder Großkampftag. Der niedrige Hb-Wert lässt sie noch schwächer werden, wie die Dialyse und Plasmapherese es ohnehin schon tun. Um den Hb-Wert in die Höhe zu treiben, wird ihr wieder Flüssigkeit entzogen und sie kriegt während der Behandlung Sauerstoff, um die Schwäche etwas zu beheben. Außerdem ist man jetzt dazu übergegangen, sie mit Beruhigungsmitteln zu dämpfen, um Blutdruck und Anspannung niedrig zu halten, was ihr auch gut bekommt. So nimmt sie negative Werte und Entwicklungen etwas gelassener, bzw. sie hat nicht die Kraft, sich zu wehren oder gar aufzuregen.

Wie immer die letzten Male kriegt sie nach der Dialyse kaum noch einen Ton raus, und spürt bei der kleinsten Anstrengung Druck im Brustkorb. Kein Wunder. Ihr wurden heute wieder über anderthalb Liter entzogen und sie wurde mit 61,3 unter ihr Trockengewicht gebracht.

Abends kommt aber das ganze Elend und der Frust der letzten Tage hoch. Immer die Frage „Warum haben die den Hb-Wert soweit runterfallen lassen?" „Was ist da passiert?" „Wer hat Schuld und warum gibt er/sie den Fehler nicht zu?" Fragen über Fragen, deren Beantwortung keinen weiterbringen würde. Aber sie zieht sich bis ins die tiefsten Tiefen damit. All ihr Mut und ihre Zuversicht sind verschwunden. Nur noch negative Gedanken.

Und das, obwohl der Hämoglobin-Wert heute bereits wieder auf über 7 g/dl geklettert ist.

Samstag, 18. Februar 2012

Heute ist die psychische Verfassung deutlich besser. Obwohl ihr auch heute ein erneuter Großkampftag bevorsteht, nur mit dem Vorteil der fast vierstündigen Pause. Danach hat sie zwar noch weniger Lust, sich wieder an die Maschine zu legen, aber was nützt es! Obwohl alle Werte im fast grünem Bereich sind, der Hämoglobin-Wert ist noch grenzwertig, müssen die Antikörper stabil unten gehalten und der Hämoglobin-Wert weiter gepuscht werden.

Morgen hat sie dafür frei und erwartet Familienbesuch.

Montag, 20. Februar 2012

Sieben Uhr wieder an die Maschine. Plasmapherese, anschließend Dialyse. Wieder mal acht Stunden liegen und trotzdem hinterher fertig wie nach einem Marathonlauf ohne etwas zu trinken. Werte sind stabil, sodass man mich wieder für morgen früh 10 Uhr einbestellt. Jetzt wieder Daumen halten, dass die Werte stabil bleiben. Ob es sonst noch einen weiteren Versuch geben würde, ist äußerst unklar und nicht sehr wahrscheinlich. Außerdem, so langsam müsste ich auch mal wieder etwas arbeiten.

Halb vier dann endlich die erlösende Nachricht. Alle Werte sind im transplantationsfähigen Zustand. Jetzt schon steht fest, dass sie noch im Operationssaal direkt nach erfolgter Transplantation zwei Blutkonserven erhält, um ihren Hämoglobin-Wert zu stabilisieren oder sogar anzuheben. Wenn also nichts Außergewöhnliches dazwischen kommt, ist Mittwoch der große Tag!

Dienstag. 21. Februar 2012

Wieder um 10 Uhr starte ich zum zweiten Versuch. Wieder durch die Aufnahmeprozedur, wenn auch verkürzt. Aber es scheint besser zu gehen als letzte Woche. Ich spreche mit einem Chirurgen, der mich nochmal über die Operation aufklärt. Und, oh Wunder: Um 15 Uhr habe ich tatsächlich ein Bett und zwei Stunden später sogar einen Nachttisch. Aber wie sagt eine Narkoseärztin so schön treffend: „Wir sind zwar nicht das modernste Krankenhaus, aber das machen wir mit unseren Operationen und Narkosen wett!"

Seit 16 Uhr haben wir auch das Okay für die morgige Operation.

Annette hat an diesem Tag nochmal Plasmapherese und Dialyse, bevor sie um 17 Uhr auch in die Chirurgie verlegt wird. Und wiedermal ist kein Bett frei. Tolle Organisation! So bringt man sie direkt nochmal auf die Dialysestation der chirurgischen Klinik und führt die zweite Plasmapherese für diesen Tag durch. So kann sie wenigstens liegen. Körperlich ist sie inzwischen so geschwächt, dass sie es nur mit Hilfe aus dem Rollstuhl ins Bett schafft. Von ihrer psychischen Verfassung ganz zu schweigen.

Nach der Behandlung kommt sie dann auch auf ihr Zimmer in der Viszeralchirurgischen-Transplantations-Station (VTS). Hier wird sie auch die ersten Tage nach erfolgter Transplantation liegen. Genau im Stockwerk über mir.

Um 21 Uhr verabschieden wir uns und ich gehe genau ein Stockwerk tiefer. Mal sehen, wann ich das nächste Mal wieder hier hochgehe oder eher mit dem Aufzug fahre.

Vor der Verabschiedung erzählt sie mir noch von ihrem Erlebnis im Nierenzentrum. Da hat eine Schwester die ganze

Zeit abgewiegelt und gesagt, das hat noch Zeit, und als es dann losgehen soll, hat sie plötzlich keine Zeit mehr, und will Annette nicht beim Packen helfen. Ja, angeblich weiß sie nicht einmal, was man auf die VTS mitnehmen muss oder darf. Als würde die Prozedur hier zum ersten Mal ablaufen. Da gibt es hier so viele gute und motivierte Mitarbeiter/-innen und grad jetzt gerät sie an eine, die scheinbar keine Lust hat. Lustlosigkeit auch mit Antworten. Auf die Frage ob sie den Medikamentenplan auch mitnehmen muss, kriegt sie die tolle Antwort, wenn Sie nicht wollen, werfe ich ihn eben weg. Was die Dame vom Pflegepersonal dann auch tut.

Soziale und fachliche Inkompetenz gepaart mit Unlust an der Arbeit! Eine Schande für das gesamte Zentrum! Schade!

Mittwoch, 22. Februar 2012 (Aschermittwoch)

Der große Tag!

Mit kleinen Unterbrechungen, auch meinen Zimmernachbarn geschuldet, habe ich verhältnismäßig gut geschlafen, und werde so gegen 7 Uhr wach. Frühstück fällt aus, sodass nur die normale Stationsroutine abläuft. Zusätzlich muss ich noch den hübschen OP-Kittel sowie Thrombosestrümpfe anziehen und kriege noch meinen Bauch rasiert. Sonst ist bis 9 Uhr noch nichts passiert.

Halb zehn geht es los!

Ich nehme meine Beruhigungspille und werde Richtung Operationstrakt geschoben. Ich weiß zwar noch, dass ich erst in einen Vorbereitungsraum komme, das hat man mir erklärt, dass ich jetzt auf die Liege neben mir muss und wie es dann weitergeht ...

Ob ich dann aber selbst auf die Liege geklettert bin, weiß ich schon nicht mehr. Ich bin im Land des Schlafes angekommen.

Wachstation bis Donnerstag 23. Februar 2012

Das Nächste, an das ich mich erinnere ist, als ich um 16 Uhr in der Wachstation auf die Uhr schaue. Und das ich meine rechte Bauchseite abtaste und feststelle, dass da nichts ist. Kein Schmerz, kein Verband, keine Katheter. Links werde ich dann fündig. Dort tut es weh, alles ist zugepflastert und es kommt ein Schlauch aus dem Verband. Von Annette höre ich nur, dass sie noch im Operationssaal ist.

Im Nachhinein erfahre ich dann, dass Annette um 13.30 Uhr in den OP gebracht und dass mein Sohn um 14 Uhr angerufen wurde, ich wäre wach und alles sei in Ordnung.

Um 17 Uhr kriege ich die entscheidende Nachricht. Annette ist aus dem OP draußen und die Niere hat ihre Tätigkeit zur vollsten Zufriedenheit des Transplantationsteams aufgenommen.

Beduselt von Schmerzmitteln kriege ich das zwar mit, aber so wirklich tief dringt es noch nicht. Vielleicht auch ein Vorbote für die nächsten, grauenhaften 24 Stunden auf dieser Station.

Denn, ich komme nicht wie geplant um 18 Uhr auf Station, sondern muss wegen suboptimaler Blutwerte noch auf der Wachstation bleiben. Bei zunehmender Wachheit eine sehr unangenehme Erfahrung. Besonders schlimm ist es während der Nachtschicht. Durst wird abgewiegelt mit der Ausrede, Sie kriegen so viel Infusion, da brauchen Sie nichts zu trinken, sodass ich einmal geschlagene drei Stunden auf ein

Glas Wasser warte, weil ich mit diesen ekelhaften Lutsch-
schwämmchen nicht genügend gegen mein Durstgefühl an-
kämpfen kann.

Irgendwie habe ich hier das Gefühl, dem Personal reicht es,
wenn die Maschinen nicht piepen und sie in Ruhe über Kollegen und Ärzte aus anderen Schichten herziehen und hetzen
können. Mir egal, aber muss man das vor Patienten tun?

Die größte Demütigung bei der ganzen Sache ist aber das
gefühlte Desinteresse am Wohle des da liegenden Patienten.
Man muss ja vor der Operation losen Zahnersatz ablegen
und im Zimmer lassen. Vernünftig, weil er kaputt gehen
könnte bei der Intubation oder verloren gehen könnte, wenn
man ihn dabei hätte. Bis hierhin kein Problem. Nur einen
Patienten, der bei vollem Bewusstsein mehrfach darum bit-
tet, seinen Zahnersatz zu bekommen, immer wieder zu ver-
trösten, obwohl man merkt, dass er nicht in der Lage ist,
richtig zu sprechen, grenzt schon an menschenunwürdige
Behandlung, zumal wenn man weiß, dass die Station nur 50
Meter entfernt ist. Besonders schlimm, wenn man als Patient
dann mitkriegt, dass das Personal der Nachtschicht hauptsächlich mit Hetzereien, auch oder besonders über Kollegen,
beschäftigt war. Nicht einmal morgens war es möglich, dort
anzurufen und einen Hilfspfleger zu schicken, der die Zähne
brachte. Nein, dafür musste es 16 Uhr und eine neue Schicht
werden.

Schlafen ist natürlich auf so einer Wachstation kaum möglich. Irgendwo piept es immer. Trotzdem, irgendwie geht
auch so eine Nacht rum.

Morgens bei der ersten Visite erfahre ich dann Genaueres
über meine Blutwerte. Mein Kreatinin ist auf 1,6 gestiegen,
eigentlich normal nach der Entfernung einer Niere, da sich

der Körper, bzw. die verbliebene Niere erst darauf einstellen muss, jetzt alleine klar zu kommen. Zusätzlich aber sind meine Thrombozyten auf 40.000 gefallen. Bei einem Normalwert von 150.000 bis 380.000 schon heftig. Aber die Diskussion, die daraus resultiert, ist unerträglich, von schweren Komplikationen bis hin zu Messfehlern ist alles enthalten. Jeder der kommt, hat eine andere Idee. Und es dauert noch eine Stunde bis Entwarnung kommt und der Wert wieder Richtung normal unterwegs ist. Was war, bleibt auch später noch ein Rätsel. Die Ärzte vermuten eine Heparin-induzierte Thrombozytopenie[22] (HIT), was dazu führt, dass ich die ganze restliche Zeit im Krankenhaus keine Heparinspritze mehr bekomme. Wie schade!

Dass ich fast nicht mehr liegen kann und sich mein Kreuzbein wie aufgeblasen anfühlt, interessiert nicht wirklich jemanden. Nur dass ich steigende Entzündungswerte habe, das wird schon registriert, aber nicht einsortiert.

Da regt man sich als Patient hier den ganzen Tag auf, über alles, was ich oben schon notiert habe, sowie einige andere Kleinigkeiten, und dann wundern die sich, dass man einen hohen Puls hat. Toll!

18:00 Uhr komme ich wieder auf mein Zimmer in der Normalstation. Hier bin ich dank der Schmerzpumpe, die ich selbsttätig aktivieren kann, weiterhin schmerzfrei, trotzdem lässt mich mein Kreuzbein nicht in Ruhe.

Ich versuche schnell zu schlafen, was wegen der Medikamente auch gut gelingt. Bis dann um 23 Uhr nochmal je-

---

22 Die **Heparin-induzierte Thrombozytopenie** (HIT) ist eine Erkrankung, bei der durch die Verabreichung von Heparin, einem Mittel zur Hemmung der Blutgerinnung, die Anzahl der Blutplättchen abfällt. Quelle: http://de.wikipedia.org

mand zur Blutabnahme kommt. Danach komme ich, auch bedingt durch die Geräuschkulisse im Zimmer, nicht wieder richtig in den Schlaf.

Freitag, 24. Februar 2012

Wie auch die ganze Nacht wache ich morgens total verschwitzt auf. Immer noch fühlt sich mein Kreuzbein wie aufgeblasen an. Wie gestern ist die Sauerstoffsättigung in meinem Blut etwas zu niedrig, sodass ich wieder mal Sauerstoff bekomme. Nach wechselnden Arztbesuchen kommt um halb zehn die Stationsphysiotherapeutin, hilft mir aus dem Bett und geht eine Runde mit mir über den Flur. Ich bin erstaunt, wie gut das schon geht. Ein Hoch auf die Schmerzmittel.

Annette hat heute wieder mal eine Plasmapherese. Sie reagiert zwar leicht, die Behandlung kann aber weitergeführt werden. Immer noch geht die seelische Achterbahn weiter.

Nachmittags fühle ich mich dann so fit, das ich es wage, einen Stock höher zu kriechen und Annette und meine Ex-Niere zu besuchen. Anstrengend, aber es geht.

Samstag, 25. Februar 2012

Nachmittags kommt die Schmerzpumpe und somit auch die letzte Kanüle aus meinem Körper, ich bin auf Tabletten eingestellt und es könnte aufwärts gehen. Dann endlich löst sich das Rätsel um mein „aufgeblasenes" Kreuzbein. Das Gewebe drum herum ist dick geschwollen und ich habe am gesamten unteren Rücken und am Gesäß einen leuchtend roten Ausschlag. Allergie! Wahrscheinlich gegen das Antibiotikum, das mir während der Operation prophylaktisch verabreicht wurde. Ich kriege ein starkes Antihistaminikum, was mich für die nächsten 36 Stunden fertig macht.

Annette hat einen ruhigen Tag. Was man so ruhig nennen kann auf dieser Station. Hier piept, tutet oder lärmt immer irgend ein Gerät. Heute kann ich mir mal ansehen, wie sie Annette verkabelt haben. Drei Urinkatheter hängen an ihr, einer in der neuen Niere, einer in der verbliebenen alten Niere und einer in der Blase. Dazu noch zwei Wundkatheter, sowie Herz- und Blutdrucküberwachung. Zusätzlich noch fünf Infusionen, die allerdings zusammen über ihren Demers-Katheter in sie hinein führen. An ausruhen, entspannen oder gar schlafen ist hier so gut wie gar nicht zu denken.

Trotzdem musste auch sie heute zum ersten Mal aufstehen und über den Flur laufen. Abends nutzen auch wir die Chance, packen alle Kabel und Katheter und schieben uns über den Flur. Wie zwei 100-Jährige! Annette gestützt auf einen Gehwagen mit Unterarmauflage und ich stütze mich mehr, als dass ich schiebe. Egal wie, aber wir sind wieder da!

Sonntag, 26. Februar 2012

Die Rötung und Schwellung an meinem Rücken und Gesäß breitet sich aus. Erste Rötungen sind am Bauch und auf den Oberschenkeln sichtbar. Das Antihistaminikum breitet seine müde machende Wirkung jetzt so richtig aus. Immerhin ist bei der Ultraschalluntersuchung meiner verbliebenen Niere, sowie dem leeren Nierenlager alles in Ordnung. Genauso wie auch meine Nierenwerte gut sind.

Bei Annette dasselbe Bild. Auch bei ihr sind Nierenwerte und Nierenultraschall bestens. Die Kreatininwerte sind sogar besser als meine!

Nachmittags schleppe ich mich wieder nach oben. Freude-strahlend erzählt sie mir, sie solle wieder zurück ins Nieren-zentrum, nur sei noch kein Bett frei. Morgen vielleicht.

Essen! Sicher ist Krankenhausessen nicht wie zu Hause und vor der Operation hat es ja auch einigermaßen geschmeckt. Aber was jetzt mit mir los ist, braucht einige Tage, bis ich es so ganz realisiere. Alles schmeckt versalzen. Außer Süßem, aber das schmeckt zu süß. Viel zu süß. Nicht, dass mir ein paar Kilo weniger nicht gut tun würden. Aber nicht einmal das Mineralwasser, das es hier auf Station gibt, ist trinkbar. Und erst der Kaffee! Schade, dass dafür Bohnen geröstet werden mussten. Wahrscheinlich auch eine Reaktion auf ir-gendwelche Medikamente. Erst sechs Wochen später hat sich mein Geschmackssinn wieder in Richtung normal ent-wickelt.

Seit heute kriege ich Cortison gegen die Allergie, was diese aber nicht stört, sodass sie sich weiter ausbreitet. Die Thrombosestrümpfe muss ich jetzt auch weglassen, da mei-ne Beine inzwischen auf die Gummis reagieren und auch am Oberschenkel rote Striemen entstehen.

Abends beginnt mein Kopf wieder etwas klarer zu werden. Ich kann auch schon weiter und vor allem schneller gehen. Es geht aufwärts.

Montag, 27. Februar 2012

Nochmal geht es wieder aufwärts mit mir. Jetzt noch entlas-sen werden und alles ist ok. Kommt aber nicht, sondern soll erst morgen sein. Schei...allergie!

Um 13 Uhr wird Annette ins Nierenzentrum verlegt. Sie freut sich sehr.

Dienstag, 28. Februar 2012

Depression hoch vier! Diesmal bei mir. Nachdem ich bereits meine Papiere in der Hand habe, entscheidet der dritte Arzt, den ich heute sehe: „Nein, so werden Sie nicht entlassen, dafür sind die Werte zu hoch." Immer noch Entzündungswerte, angetrieben durch die Allergie. Enttäuscht sage ich meinem Rückholteam ab.

Annette kommt sinnvollerweise heute wieder in die Chirurgische Klinik. Diesmal zur ambulanten Plasmapherese. Das versteh mal einer. Sicher Abrechnungsgründe.

Bis auf dass ich sie kurz begrüße, verbringe ich den ganzen Tag im Bett, rede nicht mehr als unbedingt erforderlich und gehe auch nicht ans Telefon.

Mittwoch, 29. Februar 2012

Da die Hautveränderungen unbeeindruckt von den Medikamente weiterbestehen, werde ich zum Konzil zu einem Hautarzt gefahren. Hier merke ich, wie wenig belastbar ich noch bin. Sicher, es ist warm, aber eine zehnminütige Taxifahrt kann doch nicht so anstrengend sein? Ich schwitze, wie ich es sonst nur aus der Sauna kenne. Das Ergebnis ist kein anderes wie die bisherigen Vermutungen. Arzneimittelallergie! Hauptverdächtiger bleibt das Antibiotikum. Ich bekomme eine neue Creme zum Einreiben.

„Ich will hier raus!"

Das selbe Spiel wie gestern. Die Chirurgen wollen mich gehen lassen und der verantwortliche Nephrologe sagt in Absprache mit dem Nierenzentrum: Nein.

Zum Glück bringt der Ultraschall keinen Befund. Bis auf eine kleine Flüssigkeitsansammlung im Bereich des Nierenlagers ist alles in bester Ordnung.

Nachmittags nehme ich mir ein Taxi und besuche Annette im Nierenzentrum. Die Schläuche sind weniger geworden und es herrscht im Vergleich zur VTS relative Ruhe.

Hier habe ich auch nochmal ein Gespräch mit dem zuständigen Oberarzt und er meint, ich könne morgen sicher nach Hause. Da er selbst morgen frei hat, steigen meine Chancen.

Donnerstag, 1. März 2012

Endlich steht doch meiner Entlassung nichts mehr im Wege. Wieder habe ich früh meine Unterlagen von der Station, nur auf die Unterlagen des betreuenden Nephrologen muss ich noch warten. Da ich allerdings bereits um 10 Uhr mein Bett und somit auch mein Zimmer räumen muss, sitze ich noch nahezu zwei Stunden auf dem Flur. Obwohl der Arzt wirklich nur mein Bestes will, nervt es doch ungeheuer, zumal er derjenige war, der vorgestern meine Entlassung verhindert hat.

Nachdem ich dann meine Unterlagen komplett habe, schaue ich noch kurz im Nierenzentrum bei Annette vorbei. Die bevorstehende Rückfahrt lässt mich doch unruhig werden, sodass ich keine lange Zeit bei ihr verbringen kann. Auch weil ich jetzt noch relativ fit bin und mir zutraue, die Strecke ohne Probleme zu schaffen. Wegen dem negativen Erlebnis vom Dienstag und wohl auch aus Trotz hab ich niemanden bestellt der mich abholen soll, sondern will alleine fahren. Ich bin doch schon topfit.

Tatsächlich schaffe ich die Strecke ohne Schwierigkeiten und komme in einigermaßen gutem Zustand zu Hause an. Aber dann! Ich werfe meine Taschen noch in die Ecke, ziehe mich um und lande auf direktem Weg auf der Couch. Hier werde ich die nächsten Tage bis zum Montag verbringen. Unterbrochen nur vom Essen und von der Nacht, die ich im Bett verbringe. Ich bin echt fertig. Und es gibt nur zwei Temperaturzustände. Entweder ich schwitze oder ich friere. Wobei ich auch friere, während ich schwitze. Da ich aber die meiste Zeit schlafe, krieg ich nicht so viel davon mit.

Ich merke richtig, wie mein Körper gegen die Allergie kämpft. Da ich direkt nach der Entlassung endlich alle Medikamente abgesetzt habe, hat er nun die Möglichkeit dazu. Nur unterstützt von Homöopathika und Kalzium in hohen Dosen.

Eines bleibt. Geschmacksverwirrung! Weiterhin sind alle herzhaften Speisen zu salzig und süße zu süß. Nur weniges, wie beispielsweise Joghurt, ist genießbar. Auch Wasser ist nur mit Apfelsaft trinkbar.

Einzig die Meldungen aus Heidelberg sind positiv. Es geht weiter aufwärts.

Montag, 5. März 2012

Für mich ist heute schon die erste Nachuntersuchung. Alle Werte sind weiterhin im grünen Bereich. Lediglich der Entzündungswert, immer noch angetrieben von meiner Allergie, ist erhöht.

Auch Annette macht weiter Fortschritte. Heute wird der letzte noch verbliebene Blasenkatheter abgeklemmt und es beginnt die Phase des Blasentrainings. Da sie im Unterschied zu vielen anderen Transplantierten bis zuletzt normal zur Toilette konnte, hat sie ihre Blase schnell wieder im Griff. Lästig ist nur, jetzt zur Kontrolle jedes Mal in einen Messbecher Wasser lassen zu müssen, um Einfuhr und Ausfuhr lückenlos zu dokumentieren. Eine Prozedur, die sie noch einige Wochen begleiten wird. Genauso wie das Messen und Dokumentieren von Gewicht, Puls, Blutdruck und Temperatur. Da nun auch die erste Nacht ist, in der sie zur Toilette gehen muss, merkt sie, wie gut meine Niere arbeitet. Bis heute noch muss sie nachts zwei- bis viermal aufstehen, um Wasser zu lassen. Nun, die drei Liter die sie trinkt, müssen auch wieder raus.

Aber wie schon gesagt, ihre Blase arbeitet ohne Probleme, sodass am nächsten Tag auch dieser Katheter gezogen wird.

Mittwoch, 7. März 2012

Der wirklich tiefste Tiefpunkt. Sie ist fertig, redet mit mir nur das Nötigste und ignoriert alle anderen Anrufe. Auf der Station herrscht mal wieder Uneinigkeit über Ein- und Ausfuhr. Jeder Arzt hat seine eigene Idee dazu. Ich versuche und bin erfolgreich dabei, den Chefarzt zu erreichen. Er hat Verständnis für die Problematik und verspricht, sich der Sache anzunehmen und die Trinkmenge festzulegen, was kurz darauf auch in die Tat umgesetzt wird. Von da an ist Ruhe mit dem Thema.

Freitag 9. März 2012

Der Tag der Entlassung rückt näher. Und was passiert? In die Freude darauf mischt sich Panik! Panik darüber, nach Hause zu kommen und keine Medikamente zu kriegen, oder zumindest nicht schnell genug, bevor ihre aufgebraucht sind. Sie lässt sich erst etwas beruhigen, nachdem ich in der hiesigen Apotheke angerufen und die Zusage habe, dass alle Medikamente innerhalb eines Tages besorgt werden können.

Ausgelöst wurde diese Panik wohl durch allgemeine Schwäche. Sie war fertig. Fertig vom Vormittag an dem der Shaldon- und damit der letzte Katheter gezogen wurde. Das Problem war nur die Durchführung. Terminprobleme in der Chirurgie führten dazu, dass sie mit einem Taxi in eine ca. fünfzehn Minuten entfernte Klinik gefahren und dort der Eingriff ambulant durchgeführt wurde. Alles in allem eine sehr anstrengende Prozedur, die sie körperlich an ihre Grenzen bringt. Aber, nach nunmehr 18 Monaten, ist ihr Körper erstmals wieder ohne einen künstlichen Zu- oder Ausgang. Eine Tatsache, die sie jetzt auch noch nicht positiver stimmen kann.

Sonntag, 11. März 2012

Heute steht noch ein Thema an, vor dem ich mich bis jetzt drücken konnte. Irgendwann muss es aber raus.

Bis heute habe ich verhindern können, dass meine Eltern von der Transplantation erfahren. Heute steht also beichten an. Aber, wie ich mir gedacht habe, sie sind froh darüber, erst im Nachhinein davon zu erfahren. So blieb ihnen viel Angst erspart. Ansonsten stehen sie der Transplantation positiver gegenüber, als ich es mir je erhofft habe.

Montag, 12. März 2012

Entlassung!

Lange erwartet ist endlich der große Tag da. Nach 52 Tagen Krankenhaus. Und wieder mal ein Mix aus Freude, Aufregung und Angst.

Als ich ankomme, ist soweit alles gepackt, inklusive Medikamente für drei Tage, sodass wir schnell abreisebereit sind. Kurz nach 10 Uhr wird ihr Bett aus dem Zimmer geschoben und um 11 Uhr muss sie komplett aus dem Zimmer.

Von nun an sollte es noch fast zwei Stunden dauern, bis wir fahren dürfen. Endloses Warten auf die Papiere. Ich packe in dieser Zeit schon mal Stück für Stück das Auto. Da auch meine Operation noch nicht so lange her ist, muss ich noch langsam machen und mache Pausen zwischen den einzelnen Gepäckstücken.

Am frühen Nachmittag ist es soweit, wir steigen ins Auto und machen uns auf den Weg nach Hause. Die Anstrengung, jetzt zwei Stunden im Auto zu sitzen, ist für einen Außenstehenden nahezu unvorstellbar.

Um zur Ruhe zu kommen, soweit das geht, und um etwas Kraft zu sammeln und nicht direkt sich selbst versorgen zu müssen, wird sie die nächsten Wochen bei mir verbringen. Kraft und Ausdauer haben sehr nachgelassen. Wie sehr, werden wir schon am nächsten Tag spüren, wenn wir ihren Heimnephrologen aufsuchen müssen, um auch dort eine erste Blutuntersuchung zu machen. Eigentlich nur eine Stunde hin, halbe Stunde im Krankenhaus und wieder eine Stunde zurück. Aber sie ist für den Rest des Tages fertig. So wird es noch die nächsten Wochen und Monate bleiben, bis sie wieder einigermaßen leistungsfähig ist.

Mittwoch, 23. Mai 2012

Drei Monate sind vergangen seit unserer Operation.

Viel ist passiert. Zum Glück kaum Negatives. Außer, dass unsere Politik es immer noch nicht geschafft hat, die Neuordnung der Organspende in einem Gesetz zu regeln. Soll aber am Freitag geschehen.

Aber zu uns.

Wir haben ein verlängertes Wochenende an der Nordsee hinter uns. Mal etwas Anderes sehen. Aber so wirklich entspannend war es noch nicht. Eigentlich, wenn auch nachlassend, geprägt von Angst. Angst, dass jemand niest, Angst, dass im Essen etwas Ungegartes lauert …

Leider ist ihr Leben wieder einmal voller Angst. Verständlich, denn wo oder wie will sie hier das richtige Maß finden, nicht zu tun, was ihr und besonders der neuen Niere schaden könnte. Wie empfohlen, meidet sie weiter große Menschenansammlungen, und wenn es sich nicht vermeiden lässt, wie in Geschäften, zieht sie ihren Mundschutz an.

Aber sonst war die Transplantation bis heute ein voller Erfolg. Ihre Blutwerte sind im Bereich eines gesunden Menschen, der nur eine Niere hat. Ihr Kreatinin pendelt zwischen 1 und 1,5 mg/dl und der Hämoglobin-Wert, sonst nur medikamentös über 10 g/dl zu halten, liegt nun bei 12 g/dl, ohne dass sie irgendetwas dafür einnehmen muss.

Die Medikamentenmenge ist immer noch beträchtlich, wenn auch im Sinken befindlich. Der Spiegel ihrer Immunsuppressiva hält sich gut, obwohl sie schon nur noch die Hälfte der Medikamente nimmt, die eine Mitpatientin nehmen muss, die gleichzeitig operiert wurde.

Bei mir sieht es so aus, dass, hätte ich nicht die Narbe auf meiner linken Bauchseite, ich nicht wüsste, dass mir etwas entfernt worden ist. Auch meine Werte sind auf Normalwert gesunken. Da Männer einen etwas höheren Muskelanteil im Körper haben, wird mein Kreatininwert nun eher in Richtung 1,5 mg/dl pendeln. Formal gelte ich nun allerdings als „nierenkrank", was darin gipfelt, dass ich einen Antrag auf Schwerbehinderung stellen kann oder muss, bei dem laut Vorgaben ein Grad der Behinderung (GdB) von 25–30 % festgelegt werden wird. Die allergische Reaktion ist auch noch da. Jetzt als Rest in Form eines trockenen Ekzems am linken Unterschenkel. Zum Glück mit Fettsalbe im Griff zu halten, aber auch deutlich, wenn auch langsam, am Abheilen.

Anderes wichtiges Thema. Finanzen! Annettes Krankenkasse hat inzwischen alles in ihrem Rahmen gezahlt. 20 Cent pro Kilometer sind ja noch okay, aber etwas mehr wie 85 Euro Ausfallgeld pro Arbeitstag sind nicht wirklich ein Ausgleich. Natürlich kommt da in sechs Wochen ein stattliches Sümmchen zusammen, aber wirklich deckend ist dieser Betrag nicht. Naja, vielleicht wird das neue Gesetz da Abhilfe schaffen.

Etwas zusätzlich Positives. Meine Krankenhaustagegeldversicherung (DKV) hat gezahlt. Zwar offenkundig nur aus Kulanz, aber sie haben es getan.

Nach nunmehr drei Monaten kann mein Resümee nur lauten: **Ja!** Es hat sich gelohnt. All die Aufregung, all die Schmerzen, all der Ärger, all die Verzweiflung und all die Angst.

Nur eins ist geblieben. Kleinste negative Ereignisse ziehen sie in den tiefen Keller. Heute war der Kreatinin-Wert plötzlich auf 1,7 mg/dl. Keine große Sache. Donnerstag wird der Wert wieder bei 1,2 mg/dl sein. Wahrscheinlich wurde das durch die Spaziergänge am Strand ausgelöst. Aber das reicht, sie bis ins nächste Wochenende ganz weit nach unten zu ziehen. Da wird jedes Zwicken zur Gefahr. Aber auch das wird sich wohl in den nächsten Monaten einpendeln. Aber im Moment ist die untere rechte Bauchseite höchst empfindlich. Teils Schmerzen, teils Missempfindungen. Auch längeres Sitzen, besonders im Auto, führt zu Schmerzen und die zu Verkrampfungen, die sich auf den gesamten Körper ausbreiten und so schnell dazu führen, dass sie körperlich am Ende ist.

Arbeiten ist auch noch nicht möglich. Immer noch braucht sie bis zum Mittag, bis sie in einem belastbaren Zustand ist und ihrer Hausarbeit nachkommen kann. Wenn sie es dann nicht übertreibt, ist sie für den Rest des Tages in einer guten Verfassung.

Ansonsten?! Was bleibt ist Warten und Hoffen! Warten auf noch ein wenig mehr Normalität und die Hoffnung, das unsere Nieren noch lange, sehr lange ihren Dienst tun.

Und ja: Wir würden, jederzeit beide wieder JA sagen zu diesem Weg, auch wenn wir ihn uns dann einiges einfacher wünschen würden. Aber: Das Leben ist eben kein Wunschkonzert!

Epilog

Focus Online - Freitag, 25. Mai 2012:

„Alle Bundesbürger ab 16 Jahren werden künftig offensiv nach ihrer Bereitschaft zur Organspende nach dem Tod gefragt. Das beschloss der Bundestag am Freitag nach jahrelanger Diskussion fast geschlossen. In der Debatte stimmten die Politiker die Bürger darauf ein, dass der Staat in dieser Frage nicht mehr lockerlässt. Denn von den 12 000 Menschen, die in ganz Deutschland auf eine Spende warten, sterben jeden Tag 3.

Zuständig sind die gesetzlichen und privaten Krankenkassen. Sie sollen den Versicherten ab 16 Jahren Informationen und einen Organspendeausweis zuschicken. Mit den millionenfachen Briefen könnte es bereits zum Jahresende losgehen, die Kassen haben aber voraussichtlich bis Herbst kommenden Jahres dafür Zeit. Auch bei der Passausgabe in den Ämtern sollen die Bürger die Unterlagen erhalten.

Verankert wird die sogenannte Entscheidungslösung im Transplantationsgesetz. ....

Wann die Versicherten Post zur Organspende bekommen, ist noch unklar. Beide Gesetze sollen voraussichtlich bis zum 1. Juli im Bundesgesetzblatt stehen. Die Entscheidungslösung gilt vier Monate nach dieser Verkündung. Binnen zwölf Monaten soll die Post erstmals verschickt werden. „70 Millionen Versicherte anzusprechen ist ein riesiges Projekt", sagte der Sprecher des Kassen-Spitzenverbands, Florian Lanz. Künftig soll die Abfrage erst alle zwei, dann alle fünf Jahre erneut stattfinden...."

FOCUS Online: http://www.focus.de/gesundheit/news/l

Nachwort

Ich bin kein Schriftsteller, sondern Therapeut und war auch nie ein wirkliches Linguistik-Talent. Daher bitte ich alle Leser, meine vielleicht teilweise holprige Schreibweise zu entschuldigen. Diese und meine manchmal wild umher fließenden Gedankenfäden, hat mein Lektor verknüpft und lesbar gemacht. Hierfür einen Riesendank.

Der einzige Sinn dieses Buches besteht letztendlich darin, allen Patienten die auf ein Spenderorgan warten oder in Vorbereitung auf eine Lebendspende sind, Hoffnung zu geben und zu zeigen, das es immer weiter geht.

Ebenso will ich an alle appellieren zumindest dass geringste zu tun was getan werden kann: Einen Organspendeausweis auszufüllen oder sich zumindest bei der DKMS registrieren zu lassen

„Yes, we can!"   Barack Obama

Wir bedanken uns bei:

Unseren Familien, Freunden und Bekannten, die in dieser Zeit etwas zu kurz kamen und uns trotzdem unterstützten.

Walburga, für ihre immerwährende persönliche und therapeutische Unterstützung, sowie kritische Anmerkung zu diesem Buch und ihre Aufforderungen zum Weiterschreiben.

Maria, Sabine und Tatjana, für die Zeit während und nach der Operation, in der sie ohne mich die Praxis aufrechterhalten mussten.

Allen meinen Patienten/-innen, die einige Zeit auf mich warten mussten.

Dem Praxis-Team Dr. Oser und Müller sowie dem gesamten KfH-Team Bernkastel-Kues, insbesondere Paul und Simone, fürs immer für uns da sein.

Dem Nierenzentrum Heidelberg mit seinem Chefarzt Prof. Dr. Zeier, sowie besonders der Transplantations-Koordinatorin Frau M. Schmitt, die sich immer meine Pläne und Terminvorstellungen anhören musste und sie sogar verwirklichen konnte.

Allen, die uns Glück gewünscht haben bzw. uns zur Seite standen.

Sowie allen, die uns in diversen Internet-Foren Tipps und Tricks verraten haben, ohne dass wir danach gefragt haben.

Urkunde

Besonderer Dank und Anerkennung gebührt Udo Weiskopf

für die Bereitschaft zur Lebendspende einer Niere an

Annette Flesch. Diese großzügige Geste der Nächstenliebe

verdient unserer aller Hochachtung.

Prof. Dr. med. Markus W. Büchler   Prof. Dr. med. Martin Zeier   Prof. Dr. med. Peter Schemmer